SUEÑOS MÁGICOS

ROBIN CORAK

SUEÑOS MÁGICOS

Traducción de Sandra Ruiz Cortés

KEPLER

Argentina – Chile – Colombia – España
Estados Unidos – México – Perú – Uruguay

Título original: *Dream Magick*
Editor original: Llewellyn Publications, una división de Llewellyn Worldwide Ltd.
Traducción: Sandra Ruiz Cortés

1.ª edición: abril 2026

© 2024 *by* Robin Corak
All Rights Reserved
Published by Llewellyn Worldwide Woodbury, MN 55125 USA
www.llewellyn.com
© de la traducción 2026 *by* Sandra Ruiz Cortés
© 2026 *by* Urano World Spain, S.A.U.
López de Hoyos, 92, Planta Baja Derecha – 28002 Madrid
www.edicioneskepler.com

ISBN: 978-84-19656-23-0
E-ISBN: 979-13-87899-60-8
Depósito legal: M-1.917-2026

Fotocomposición: Urano World Spain, S.A.U.

Impreso por: Rodesa, S.A. – Polígono Industrial San Miguel
Parcelas E7-E8 – 31132 Villatuerta (Navarra)

Impreso en España – *Printed in Spain*

DEDICATORIA

Este libro se lo dedico a mi padre, Bill Allen, que falleció cuando estaba escribiendo el manuscrito. El pilar de nuestra familia; mi padre me enseñó que podía hacer cualquier cosa que me propusiera. Sin su ferviente fe en mí, no sé si alguna vez habría tenido el valor de perseguir mis sueños, uno de los cuales era escribir este libro. Papá, te estaré eternamente agradecida por tu amor, dedicación, lecciones y, quizá, sobre todo, tu risa. No hay palabras para expresar cuánto te quiero. Lo que es recordado, vive.

ADVERTENCIA

En muchas de las actividades de este libro se utilizan hierbas y aceites esenciales, pero no deben ser interpretadas como consejo médico. Asegúrate de informarte sobre las hierbas, flores y aceites antes de su uso (por ejemplo, al ingerirlas o aplicarlas sobre la piel) para comprobar la toxicidad, alergias y reacciones adversas, así como posibles complicaciones o su interacción con cualquier medicamento o estado, como el embarazo. Además, debido al riesgo de incendio, nunca utilices algo que requiera calor o fuego si vas a irte a dormir, incluso si el dispositivo es de apagado automático.

ÍNDICE

Actividades 13

Introducción 15

1. La ciencia de los sueños 23

2. Los sueños a través del tiempo y las culturas 33

3. Preparando el terreno 43

4. Recordar e interpretar sueños 71

5. Sueños intuitivos 93

6. Sueños del inframundo 107

7. Pesadillas 125

8. Sueños lúcidos 153

9. Incubación de sueños y sanación 177

10. Proyección y paseos oníricos 201

Conclusión 217

Apéndice A. Preguntas para el diario onírico 219

Apéndice B. Deidades, aliados y guías 221

*Apéndice C. Correspondencias astrológicas, de hierbas,
cristales y aceites* 233

Agradecimientos 241

Bibliografía 245

Para contactar con la autora 255

ACTIVIDADES

Conociendo a tus aliados oníricos 48

Protección 51

Creación de una muñeca de los sueños 56

Confección de un saquito de los sueños 58

Baño ritual para la magia onírica. 60

Cántico para un sueño reparador. 63

Cántico para tejer sueños y recordarlos 63

Cántico para invitar a tus aliados oníricos a tus sueños. 64

Meditación de panel de control. 66

Visualización de la rosa 68

Meditación guiada: viaje a Caer Sidi. 78

Creación de un diccionario onírico personal 88

Otras actividades para ayudarte a interpretar tus sueños 90

Ritual de la iluminación 99

Ritual de la hoja de laurel 102

Receta del té de los sueños intuitivos 104

Amuleto para ponerse en contacto con los fallecidos 118

Receta de incienso de sueños del inframundo. 120

Meditación guiada: viaje al inframundo 121

Ejercicio de transformación de pesadillas 133

Meditación guiada: viaje a tu templo del plano astral......... 134

Meditación guiada: el caldero de Ceridwen 138

Meditación guiada: Morrigan como aliada onírica 141

Rejilla de cristal para pesadillas, terrores nocturnos y parálisis del
    sueño... 147

Receta del té del sueño lúcido........................... 158

Cristales para los sueños lúcidos 162

Dormir con cristales 165

Incienso del sueño lúcido 170

Receta del aceite del sueño lúcido........................ 171

Ritual de la incubación de sueños para sanar 186

Programación de un cristal para la manifestación de sueños.... 191

Ritual para tejer sueños............................... 193

Meditación del portal: manifestación de sueños 198

Monigote para la proyección de sueños................... 212

Amuleto para los paseos oníricos 214

INTRODUCCIÓN

¡Enhorabuena! Estás a punto de embarcarte en un viaje emocionante a través de un plano misterioso: el mundo de los sueños. Este libro será tu guía de viaje mientras desciendes por las profundidades sombrías de tu subconsciente. Como la mayoría de las guías de viaje, este libro te ofrecerá información sobre el reino que estás explorando, así como la gran variedad de actividades que puedes hacer estando ahí. Te puedo asegurar que este viaje no será como nada que hayas hecho antes. Puede resultar abrumador, incluso traicionero a veces, pero las recompensas sobrepasan los retos.

¿Qué es la magia onírica? A pesar de que no existe una definición oficial para este término, creo que puede definirse sencillamente como usar tus sueños para cambiar tu realidad. Si aceptamos la definición de Aleister Crowley de que la magia es «la ciencia y arte de provocar el cambio a voluntad», entonces puede que veamos nuestros sueños como una herramienta para manifestar este cambio.[1] La magia de los sueños engloba un amplio rango de habilidades que pueden utilizarse de distintas maneras dependiendo de tus objetivos mágicos. Este rango incluye, entre otros, la capacidad para recordar sueños e interpretarlos,

---

1. (2022), «Magick», en Thelemapedia.org, ‹http://www.thelemapedia.org/index.php/Magick›.

sueños intuitivos y proféticos, sueños lúcidos, paseos oníricos, proyección de sueños, conexión con el inframundo a través de los sueños, sanación y lidiar con pesadillas.

Tuve mi primera experiencia con la magia onírica siendo tan solo una niña. Estaba de visita en Oregón con mi familia y mi abuelo estaba en el hospital. Una mañana tuve un sueño muy vívido en el que estaba de pie frente a lo que parecía ser un hospital, cuando mi abuelo se acercó a mí. Me llamó por el apodo que él mismo me había dado y se aproximó con su habitual sombrero de fieltro y su bata de hospital. Se reía a medida que intentaba mantener la bata cerrada a su espalda para no enseñarle el trasero a nadie sin querer. Si albergaba alguna duda de que ese hombre fuese mi abuelo, su sentido del humor infantil y bobalicón confirmó que era en efecto él.

Mi abuelo me dijo que tenía que irse, pero que iba a estar bien. Parecía estar de buen humor cuando me dio un beso en la cabeza. Dijo que quería asegurarse de que mi abuela iba a estar bien. Vi una limusina negra aparcada frente a nosotros, de la cual salió un chófer que le dijo a mi abuelo que era hora de irse. Este me dio un abrazo y luego se subió al asiento trasero. A medida que el coche se alejaba, mi abuelo —sonriendo aún de oreja a oreja— se despidió con la mano. Me desperté poco después de aquello, confusa por lo que acababa de ver. Antes de que pudiese salir de la cama, mis familiares me informaron de que mi abuelo había fallecido a primera hora esa misma mañana.

Mi experiencia fue abrumadora y confusa, y no sabía cómo procesarla. Unos años antes me diagnosticaron una enfermedad rara que, entre otras cosas, hacía que pareciese físicamente frágil, siendo mi edad ósea inferior a la cronológica. Además, de pequeña enfermaba con frecuencia. Lo último que quería era darle a la gente que me rodeaba otro motivo para preocuparse por mí o verme de manera distinta, así que me guardé mis sueños para mí.

A lo largo de los años, continué teniendo sueños proféticos regularmente; estos me daban respuestas que no podía hallar estando despierta, o incluían visitas de seres queridos que habían fallecido. Sin saber cómo manejar estos extraños sucesos, hice lo que pude por ignorarlos. No fue hasta que tuve una asignatura de psicología en el instituto, cuando me permití explorar este fenómeno a raíz de un proyecto de investigación sobre los sueños. Como parte de mi trabajo, mantuve un diario durante varias semanas.

Este proyecto resultó ser el catalizador de una pasión duradera por la magia onírica. No solo me pareció intrigante el estudio de los sueños, sino que me di cuenta de que al ojear mi diario podía distinguir patrones que me brindaban cierta claridad y sueños intuitivos que predecían eventos futuros. Sin embargo, no fue hasta que estuve en la universidad, cuando empecé a compartir mis sueños con un novio que tuve por aquel entonces que validaba la naturaleza profética de algunos en los que él estaba implicado y que me dijo que lo que estaba experimentando era real. También empecé a notar que otros miembros de mi familia tenían experiencias oníricas similares, pero por una serie de razones no eran capaces o no querían ahondar en estas vivencias.

Desde entonces he tenido numerosas experiencias oníricas que, de alguna manera, me han beneficiado en mi día a día. No todas estas experiencias han sido agradables; de hecho, algunas han sido tristes y aterradoras. No obstante, nunca me he arrepentido de mi pasión por el mundo de la magia de los sueños ni de mi inmersión en él. El libro que tienes en tus manos es la amplia guía de la magia onírica que me hubiese gustado tener cuando me embarqué en este viaje hace años.

La creatividad y la imaginación vívida son herramientas útiles en la magia de los sueños. Por lo tanto, no es de extrañar que muchos escritores, músicos y artistas famosos a lo largo de la historia hayan obtenido inspiración y profecías, y establecido contacto con el otro lado, a través de sus sueños. William Blake, Charlotte Brontë, Paul McCartney, Stephen King y Edgar Allan Poe eran conocidos por haber incluido parte de sus experiencias oníricas en su escritura, música o películas.

Los sueños también han ayudado a la gente a encontrar obras literarias perdidas tiempo atrás. Dante Alighieri, más conocido por ser el autor de la *Divina comedia*, se presentó en un sueño de su hijo, Jacopo Alighieri, para decirle dónde podía encontrar los versos finales no publicados de su trilogía. Jacopo buscó en la casa en la que su padre había fallecido y halló los versos en un dormitorio tras un tapete que colgaba de una de las paredes, justo como le había indicado en sueños.[2] El hijo de Dante no fue el único que recibió visitas del otro lado. Samuel Clemens, más conocido por su seudónimo Mark Twain, dijo una vez:

> El yo de mis sueños se encuentra con amigos, desconocidos, muertos, vivos; mantiene conversaciones racionales e irracionales con ellos sobre temas que normalmente no habitan mi mente consciente y que, en algunos casos, nunca podrían haberlo hecho.[3]

A veces, los sueños proféticos o inspiradores han visitado a personas tristemente célebres que parecerían menos dadas a alimentar el poder de los sueños. Se dice que el presidente Lincoln tuvo un sueño sobre su propio asesinato dos semanas antes de su muerte. El profesor de química Dmitri Mendeleyev creó la tabla periódica de los elementos en 1869 a partir de un sueño.[4] Y

---

2. Van de Castle, Robert L. (1994), *Our Dreaming Mind*, Nueva York, Ballantine Books, p. 26.

3. *Ibid.*, p. 5-6.

4. *Ibid.*, p. 35.

en 1964, el famoso golfista Jack Nicklaus le contó a un reportero del *San Francisco Chronicle* que había superado un bache a partir de un sueño en el que sujetaba el palo de golf de manera distinta. La disposición de todas estas personas a tomarse en serio sus sueños y explorar su significado les llevó a obtener grandes conocimientos y logros fascinantes. ¡Imagina lo que estos individuos y tú, querido público, podríais conseguir aprovechando el poder de los sueños! No obstante, el trabajo onírico puede resultar desafiante, frustrante e, incluso, aterrador. La magia de los sueños requiere perseverancia y la voluntad de ser completamente honesto contigo mismo. Requiere paciencia y una comprensión que puede a veces desenterrar sombras y demonios que quizá preferiríamos ignorar.

La magia de los sueños es un rito muy liminar que difiere de otros tipos de magia en cuanto a que el cambio que provocas a voluntad ocurre mientras duermes. Las actividades que llevamos a cabo antes de dormir son la preparación para el clímax, el acto mágico que tendrá lugar más tarde. Mientras que otros tipos de actos mágicos o ritos se llevan a cabo estando plenamente conscientes, la culminación de nuestro trabajo mágico en este caso ocurre cuando estamos bajo el control de nuestro subconsciente.

Para tener éxito, debemos aprender a entender el lenguaje de nuestro subconsciente, lo que algunas veces requiere enfrentarnos a dolorosos recuerdos y emociones. Los sueños también pueden ser confusos y difíciles de interpretar. La magia de los sueños requiere un gran compromiso y no es para los débiles de corazón o aquellos que esperen resultados rápidos. Así que ¿por qué alguien aceptaría tal desafío?

En mi experiencia, las recompensas a obtener a partir de la práctica de la magia onírica compensan las desventajas. Puedo señalar muchos momentos de mi vida en los que he logrado más de lo que creía posible y he evitado dolor y frustración innecesarios gracias simplemente a la magia de los sueños. Las recompensas a obtener incluyen, entre otras:

- Inspiración creativa y descubrimiento de dones ocultos.
- Resolución efectiva de problemas y capacidad de ver una situación desde distintas perspectivas.
- Capacidad de adivinar el futuro y reconocer oportunidades antes de que surjan.
- Reconocimiento de patrones que ya no nos son útiles.
- Conexión con nuestro yo superior, así como con ancestros, seres queridos que han fallecido, deidades y guías.
- Sanación física, mental y emocional.
- Trabajo de sombras inmensamente poderoso y esclarecedor.
- Manifestación.
- Mayor autoconocimiento.
- Claridad para tomar decisiones y superar baches en nuestras vidas personales y profesionales.
- Aumento de la autoconfianza, empoderamiento y conexiones espirituales más profundas.

Este libro está diseñado para ayudarte a cosechar todos estos beneficios y más. Aunque no hay por qué leer los capítulos en orden, te recomiendo encarecidamente que lo hagas del primero al cuarto, puesto que sientan las bases fundamentales para un trabajo onírico efectivo.

Muchas personas me han dicho que no sueñan y que, por tanto, no pueden hacer este tipo de magia. Como verás en el capítulo 1, *todo el mundo* sueña, incluso si no recuerdan esos sueños. Con las herramientas y la información adecuadas, cualquiera puede practicar magia onírica de manera efectiva. Para sacar el máximo provecho de las herramientas e información que te ofrece este libro, verás que es útil que afrontes los ejercicios con mente abierta, juguetona y curiosa. Afronta la magia de los sueños como una aventura, no como una tarea. No intentes acelerar el proceso e intenta no desanimarte fácilmente. Me he dado cuenta de que cuando pongo demasiado empeño en obtener un resultado, el éxito me evita y me desmotivo.

Ten en mente que la mayoría hemos pasado años ignorando nuestros sueños. Entretanto, nuestro subconsciente ha ido almacenando pensamientos, recuerdos y sombras, y ha desarrollado un lenguaje propio. A través de la magia onírica, establecemos una relación con nuestro subconsciente y, como cualquier otra relación, requiere tiempo y esfuerzo. Disfruta del viaje en sí; los resultados llegarán. Tenemos tanto que aprender de recorrer el camino como de alcanzar nuestras metas. Después de todo, dado todo lo que dormimos, ¡tenemos mucho tiempo para practicar!

Es mi deseo sincero que halles la misma satisfacción profunda y obtengas los mismos resultados poderosos que yo a través de la magia de los sueños. Que tu coraje, a la hora de emprender este viaje, te guíe hasta tesoros de valor incalculable escondidos en tu subconsciente. ¡Felices sueños!

1

LA CIENCIA DE LOS SUEÑOS

Antes de comenzar con la magia onírica, puede que sea útil saber más acerca de la ciencia de los sueños. Entender cuándo y cómo soñamos puede ayudarnos a la hora de practicar magia. Todo el mundo sueña, incluso si no recordamos nuestros sueños. Soñar es universal y es un tipo de lenguaje que utiliza símbolos e ideas del subconsciente para comunicarse contigo mientras duermes. De hecho, soñar antecede a cualquier lenguaje conocido, ya sea escrito u oral.

Los estudios han demostrado que dormir es necesario para gozar de buena salud. Pero ¿por qué soñamos? Según la autora y doctora Patricia Garfield, los investigadores actuales del sueño teorizan sobre la posibilidad de que ciertos grupos de neuronas en nuestro bulbo raquídeo se disparen de vez en cuando, lo que, de alguna manera, inicia el proceso de los sueños.[5] La teoría quizá explique el proceso técnico de los sueños, pero el propósito de estos parece tener múltiples facetas.

A lo largo del día, somos bombardeados con una gama de experiencias, pensamientos y estimulaciones. La estimulación sensorial rara vez para, y si consideras que recibimos información no

5. Garfield, Patricia (1995), *Creative Dreaming: Plan and Control Your Dreams to Develop Creativity, Overcome Fears, Solve Problems, and Create a Better Self*, Nueva York, Simon and Schuster, p. 34.

a través de uno, sino de, al menos, cinco sentidos, la cantidad de datos que absorbemos es increíble. Por fortuna, nuestros cerebros son capaces de separar rápidamente la información más importante de la que debería almacenarse para más tarde o ser directamente ignorada. No obstante, con frecuencia no somos conscientes de lo que ocurre entre bastidores; la mayor parte del procesamiento que tiene lugar en nuestro cerebro ocurre de manera automática y veloz sin que seamos conscientes de ello.

Soñar facilita nuestra habilidad subconsciente para comprender los estímulos que recibimos. Se cree que un propósito clave de nuestros sueños es procesar nuestros recuerdos y sentimientos, consolidar lo que hemos aprendido y adaptar nuestros puntos de vista según la nueva información. Las experiencias, los pensamientos y las emociones que tal vez hayamos olvidado a nivel consciente puede que aún estén ocultos en nuestro subconsciente, reclamando atención en sueños. A pesar de que creas que has acabado con ellos, si no los has procesado adecuadamente o sanado, puede que ellos no hayan acabado contigo. Me he dado cuenta de que esto es especialmente cierto en los casos que implican un trauma de algún tipo.

Además de las neuronas de nuestro bulbo raquídeo, la glándula pineal desempeña un rol fundamental en los sueños. Esta se encuentra en medio de nuestro cerebro y se asocia normalmente con el tercer ojo, el espacio entre nuestras cejas. Esta glándula responde a niveles cambiantes de luz y libera la melatonina, que no solo nos ayuda a quedarnos dormidos, sino que regula nuestros ritmos circadianos (los cambios físicos, mentales y de comportamiento que se producen en un ciclo de 24 horas).[6] La glándula pineal produce

---

6. (2022), «Pineal Gland», en Clevelandclinic.org, <https://my.clevelandclinic.org/health/body/23334-pineal-gland>.

los compuestos DMT (dimetiltriptamina) y pinolina, que son los responsables de generar estados oníricos y visiones, así como de estimular la imaginación. La glándula pineal está conectada con nuestro metabolismo y nos permite alternar entre distintos niveles de conciencia.[7]

Soñar también ayuda con el aprendizaje y la memoria, y desempeña un rol importante en la obtención y asimilación de nueva información y habilidades. Dan Margoliash, profesor de biología en la Universidad de Chicago, testifica lo siguiente:

> Muchos científicos que conozco son también músicos y, con frecuencia, cuando practican una nueva pieza musical difícil, no les sale, pero cuando la retoman después de unas cuantas noches de sueño, de repente, lo tienen, incluso sin haber practicado entretanto.[8]

Como comenté en la introducción, muchos artistas, escritores, músicos, actores e, incluso, científicos famosos han declarado que algunos de sus mayores logros tuvieron su origen en uno o varios sueños. Parecería plausible que hubiese una conexión entre el acto de soñar y el acto de crear. De hecho, muchas de las personas que he conocido o sobre las que he leído y que han tenido mucho éxito con la magia onírica tienen un gran sentido de la curiosidad y la creatividad, así como una imaginación vívida. Cuando los practicantes de la magia onírica describen sus sueños, no es inusual que declaren haber sentido que el sueño era increíblemente real. Yo también he tenido sueños que parecían

---

7. Brown, Nimue (2015), *Pagan Dreaming: The magic of Altered Consciousness*, Winchester, Moon Books, p. 25.

8. Rock, Andrea (2005), *The Mind At Night: The New Science of How and Why We Dream*, Nueva York, Basic Books, p. 93.

reales y parece ser que la ciencia respalda esta experiencia. Stephen LaBerge es posiblemente uno de los más prominentes individuos del mundo del estudio de los sueños y ha escrito muchos libros acerca de los sueños lúcidos, además de fundar el Instituto de Lucidez. Como señala LaBerge, «los efectos fisiológicos de la actividad del sueño en nuestro cerebro y nuestro cuerpo son prácticamente idénticos a los efectos de las experiencias que vivimos conscientemente».[9]

A pesar de que no hay estudios que demuestren de manera decisiva que los sueños son vitales para nuestra supervivencia, muchos científicos creen que soñar desempeña un papel importante en nuestra salud mental y física, sobre todo porque se relaciona con tareas como integrar recuerdos, procesar emocionalmente eventos del día, y estimular la resolución de problemas y la creatividad.

SUEÑOS AFECTADOS POR CONDICIONES MENTALES Y FÍSICAS

Los roles cruciales que dormir y soñar desempeñan, en general, en nuestra salud física y mental han derivado en estudios interesantes sobre cómo algunas diversidades funcionales y traumas cerebrales afectan a la experiencia del sueño. Soñar parece una experiencia muy visual, y con frecuencia he pensado en cómo sería el proceso de soñar para una persona ciega. Los estudios de la psicóloga Nancy Kerr arrojan cierta luz sobre este tema. Las investigaciones de Kerr mostraron que los individuos que se quedaron ciegos antes de cumplir los cinco años, rara vez veían

---

9. LaBerge, Stephen (2009), *Lucid Dreaming: A Concise Guide to Awakening in Your Dreams and in Your Life*, Boulder, Sounds True Publishing, p. 15.

imágenes en sueños.[10] El doctor Christopher Baird asevera que las personas ciegas sueñan con sonidos, olores y texturas.

A veces, los individuos que perdieron la vista entre los cinco y los siete años, continuaron teniendo sueños visuales. Sin embargo, aquellos que se quedaban ciegos después de cumplir los siete, soñaban de igual forma que los adultos sin problemas de vista. Por lo tanto, podría parecer que soñar no es solo ver; puede incluir cómo nos sentimos o lo que pensamos sobre otras cosas y personas cuando estas no están ahí. Estos estudios dejan claro que la magia de los sueños está al alcance de la mayoría, independientemente de cualquier limitación física que podamos tener.

Estudios con individuos que ven, pero que han experimentado algún tipo de trauma cerebral (como lesiones), también son curiosos. Un psicólogo llamado Allan Hobson llevó a cabo una serie de estudios y descubrió que algunos pacientes con lesiones cerebrales sueñan constantemente; de hecho, no pueden parar de hacerlo, incluso estando despiertos. La investigación también demostró que las personas que habían sufrido daños en cierto grupo de células en la base del cerebro solían tener sueños muy vívidos. Estos individuos también tenían dificultades para diferenciar entre los sueños y los hechos reales.[11]

Los trastornos de salud mental, como la depresión o la ansiedad, también pueden afectar al proceso del sueño de una persona. Algunos estudios indican que en el caso de las personas con diagnóstico de depresión, mientras sueñan normalmente no se interrumpe la actividad en el área del cerebro encargada de resolver problemas. En consecuencia, el sueño —en especial en la fase REM— no es tan eficaz a la hora de regenerar o sanar la mente y el cuerpo. Andrea Rock, periodista científica y autora

---

10. Rock, Andrea (2005), p. 36.

11. *Ibid.*, p. 47.

de *The Mind At Night* («La mente en la noche»), escribe que «algunos psicólogos sugieren que un sistema de sueños funcional puede en realidad ser más efectivo que algunas formas de psicoterapia».[12]

FASES DEL SUEÑO

Para averiguar la mejor manera de inducir el sueño lúcido o profético, debemos entender las fases del sueño que experimenta el adulto medio hasta alcanzar el sueño REM. Estas son las siguientes:

Antes de dormir: este es el momento justo antes de que te duermas, cuando estás en estado de relajación y empiezas a dejar de prestar atención a sonidos y posibles distracciones. Durante esta fase, el cerebro crea ondas alfa que son similares a cuando meditamos o nos sumimos en nuestros pensamientos.

Fase uno: esta fase contiene algunas imágenes, pero suelen ser pasajeras, ya que el cerebro y el cuerpo están justo en ese momento entrando en fase de sueño. Las imágenes que sí vemos generalmente están relacionadas con eventos del día.

Fase dos: en este punto tenemos un sueño ligero. Nuestro cerebro genera ondas delta amplias y lentas que duran menos de media hora.

Fase tres: las ondas delta se mantienen en esta fase, que dura entre quince y treinta minutos, antes de pasar al sueño REM. Esta es la fase en la que es más probable que ocurra el sonambulismo.

---

12. *Ibid.*, p. 112.

Sueño REM: en esta fase, la actividad cerebral aumenta siguiendo patrones cortos pero rápidos que tienen el mismo aspecto que tendrían en caso de que estuviésemos llevando a cabo la actividad de manera consciente.

El psicólogo e investigador de sueños lúcidos Stephen LaBerge sugiere que hay dos tipos de sueños: un sueño reparador poco productivo conocido como «sueño tranquilo», y sueño REM, asociado con movimientos rápidos de los ojos, tics, un cerebro muy activo y sensaciones de parálisis. Como indica LaBerge, aunque la REM no es la única fase que genera sueños, es una en la que «hemos encendido el cerebro y apagado el cuerpo».[13] El ciclo inicial, desde antes de que te duermas hasta el sueño REM, dura aproximadamente una hora, lo mismo que dura al principio el sueño REM. A medida que continúan los ciclos de sueño, el sueño REM empieza a durar más.

La química de nuestro cerebro cambia durante la fase REM, lo que nos permite tener experiencias oníricas que no se limitan a lo que, con base en nuestras experiencias conscientes, es posible. Tales experiencias pueden incluir estar presente en dos sitios a la vez, ser capaz de hacer cosas que no podemos hacer estando despiertos, y vivir un sueño desde más de una perspectiva. Mientras que los estímulos sensoriales que recibimos en nuestro día a día vienen de fuera, en los sueños se originan en el interior. Puede que tener una imaginación vívida y una mente abierta desemboquen en menos limitaciones a la hora de soñar, y tal vez por ello muchos artistas han dicho haber tenido sueños que les ayudaron a avanzar y los llevaron a crear una gran obra de arte.

Los tipos de sueños que somos más propensos a tener depende de la fase del sueño en la que nos encontremos. En la fase

---

13. LaBerge, Stephen (2009), p. 15.

REM, los sueños tienden a ser más dramáticos y pueden desarrollarse como si de una película de acción, de terror o de un *thriller* se tratase. Las otras fases normalmente se comprenden de sueños que son más pausados, más introspectivos y parecidos a ver un documental.[14] La exploración PET[15] de personas dormidas han mostrado que en la fase REM el cerebro no solo está generalmente más activo que en otras fases de sueño, sino que lo está más que cuando estamos despiertos.

Los investigadores de sueños normalmente están de acuerdo en que es durante el sueño REM cuando es más probable que tengamos sueños lúcidos, en especial en sus dos últimas fases (normalmente a primera hora de la mañana o las horas justo antes de despertarnos).[16] Además, es más probable que recordemos los sueños que se producen en las últimas fases del sueño REM, puesto que falta menos para que nos despertemos.

No obstante, esto no significa que no podamos poner en práctica la magia onírica en otras fases del sueño aparte de la REM. La fase de sueño con ondas theta tiene lugar brevemente en el tiempo que pasa entre que estamos despiertos y profundamente dormidos. Durante este periodo, tendemos a ser parcialmente conscientes, pero nuestro cuerpo está completamente relajado. Mientras que los sueños en esta fase puede que no sean tan vívidos y no estén tan llenos de acción, es una fase poderosa para la manifestación de los sueños. Los científicos han averiguado que durante el sueño theta, somos

---

14. Garfield, Patricia (1995), p. 35.

15. Técnica de diagnóstico por imagen que permite analizar cambios a nivel celular. *(N. de la T.)*

16. Thomas Peisel, Dylan Tuccillo, y Jared Zeizel, *A Field Guide to Lucid Dreaming* (Nueva York: Workman Publishing, 2013), 101–102.

más susceptibles a la programación y la sugestión.[17] Podemos aprovechar esta fase para visualizar y pensar en aquello sobre lo que deseamos soñar. Cuanto más reales logremos que sean nuestros pensamientos y visiones, más probabilidades tendremos de escribir, hasta cierto punto, el guion de nuestros sueños, estableciendo así una conexión entre nuestro consciente y nuestro subconsciente.

Los sueños son un estado liminar que nos abre las puertas a lo que podemos considerar un laboratorio en el que aunar información, hablar con aquellos que ya no tenemos cerca o no están en nuestro plano, obtener conocimientos a los que quizá no tengamos acceso estando despiertos, predecir el futuro, procesar los traumas, y experimentar aquello que normalmente sería imposible estando despiertos. Las limitaciones de nuestro mundo consciente no caracterizan al onírico.

El mundo de los sueños nos permite practicar magia a un nivel para el que o bien no estemos preparados o no nos sintamos con suficiente confianza en el mundo consciente. Soñar activa y perfecciona nuestra imaginación y creatividad, y facilita el pensamiento no lineal, lo que nos ayuda a asociar ideas y alcanzar cierta comprensión que no alcanzaríamos de otro modo. Quizás a través de los sueños tengamos el poder de convertir a nuestro subconsciente en un aliado activo, en lugar de en algo que está simplemente oculto en la sombra, moldeando nuestras vidas de maneras que nuestra mente consciente no reconoce o entiende del todo. Como señala el autor James Hillman, «los sueños son la mente haciendo su propio trabajo del alma».[18]

17. Dispenza, Joe (2007), *Evolve Your Brain: The Science of Changing Your Mind*, Deerfield Beach, Health Communications, pp. 464-465.

18. Tick, Edward (2001), *The Practice of Dream Healing*, Wheaton, Quest Books, p. 36.

2

LOS SUEÑOS A TRAVÉS DEL TIEMPO Y LAS CULTURAS

Desde tiempos inmemoriales, las culturas a lo largo del mundo han alternado entre temer, venerar y tratar de entender las historias que se desarrollan en sus cabezas mientras duermen. Todos los seres humanos necesitan dormir, pero el propósito de los sueños es aún, en cierto modo, misterioso. Dado esto y que el cuerpo está en un estado liminar cuando soñamos, no es de extrañar que la mayoría de las culturas asocien los sueños con lo divino.

LOS SUEÑOS EN CULTURAS ANTIGUAS E INDÍGENAS

Aunque no podemos saber con seguridad cuándo y dónde empezaron a analizarse los sueños, sí sabemos que los babilonios fueron los primeros en dejar constancia de sus sueños en tablillas de piedra que datan del año 3100 a. C.[19]

Los sueños han aparecido en una serie de documentos religiosos y cuentos. Tanto la Biblia como el Corán contienen

---

19. Den Hollander, Juliette, «History of Dream Research», en Sutori.com, <https://www.sutori.com/en/story/the-history-of-dream-research-aHZ2EkuAQtRJgjhMMjxJ7bvX>.

historias de sueños proféticos. La antigua *Epopeya de Gilgamesh* de Mesopotamia también hace referencia a los sueños y
sus interpretaciones. Recopilada en torno al año 2100 a. C.,
describe a Gilgamesh teniendo un sueño sobre un meteorito
que cae sobre la Tierra, un meteorito interpretado por la diosa
Ninsun, lo que significaba que un amigo cercano llegaría
pronto. [20]

Las culturas mesopotámicas creyeron que los sueños podían
ser predictivos y se los tomaban muy en serio. Había intérpretes
de sueños profesionales y las interpretaciones se ponían por escrito en lo que se conoce como el «Libro de los sueños asirio».[21]
En un libro de interpretación de sueños del siglo XVI, un filósofo chino preguntó cómo sabemos con certeza si estamos dormidos o despiertos. [22]

Los antiguos egipcios prestaban mucha atención a sus sueños
porque creían que estaban asociados con lo divino y los fallecidos
y podían proceder de ellos. Ramsés II escribió un libro de interpretación de sueños en un papiro en algún momento entre 1279
y 1213 a. C.[23] La famosa colección conocida como los «Papiros
bíblicos Chester Beatty», que según se cree se escribió entre 1991
y 1786 a. C., también contiene métodos para interpretar los

20. Saber, Indlieb F. «While you were sleeping: The importance of Dreams in Middle
Eastern culture», página web de Middle East Eye, 16 de noviembre de 2021, https://www.
middleeastey.net/discover/dreams-middle-east-civilisation-how-helped-define>.

21. Wu, Mingren (2020), «Oneiromancy: Dream Predictions in Ancient Mesopotamia», en Ancient-origins.net, <https://www.ancient-origins.net/history-ancient-tradi-
tions/oneiromancy-and-dream-predictions-ancient-mesopotamia-005726>.

22. (2022), «History of Dream Interpretation», en Oniri.io, <https://www.oniri.io/
post/a-bit-of-history-of-dream-interpretation#:≈:text=Humans%20have%20
tried%20to%20interpret,symbolic%20dreams%20through%20different%20rituals>.

23. Saber, Indlieb F. (2021), «While you Were Sleeping: The Importance of Dreams
in Middle Eastern Culture», en Middleeastye.net, <https://www.middleeasteye.net/
discover/dreams-middle-east-civilisation-how-helped-define>.

sueños. Los sufíes practicaban la incubación de sueños, así como el sueño lúcido, según señaló el filósofo sufí del siglo XII Idn Arabi.[24] El libro de los sueños más antiguo de Oriente Medio aún en existencia lo escribió el académico persa Ibn Qutaybah en el siglo IX.[25]

Los pueblos indígenas también tienen una larga historia de reverencia por los sueños. Mientras que cada tribu tiene su propia manera de ver los sueños, han sido documentados ciertos aspectos comunes. Dichos aspectos incluyen la idea de que los sueños son donantes de profecías y poderes, la creencia de que los sueños están orientados al futuro en vez de ser reflexiones sobre el pasado y que son eventos importantes que normalmente tienen un profundo significado espiritual y personal. Los sueños a menudo son considerados poderosos y, normalmente, la línea entre lo que constituye un sueño y una visión se torna borrosa.

La cultura del pueblo mojave estaba fuertemente influenciada por los sueños, puesto que creían que los sueños tenían el poder de curar enfermedades.[26] Algunas personas, como los aborígenes australianos, creían que el mundo fue creado a partir de sueños y que estos son «la señal de que el alma divaga por el mundo mientras dormimos».[27] La tribu de los jíbaros, en Ecuador, cree que para tener éxito en la caza y en la guerra deben tener un «arutam», o alma de la que se les hace entrega en sueños.[28] Los pueblos de las Grandes Llanuras no ven los sueños como mensajes del inconsciente; en su lugar, creen que vienen directamente de los

---

24. *Ibid.*

25. *Ibid.*

26. (2022), «History of Dream Interpretation», en Oniri.io.

27. (2022), «History of Dream Interpretation», en Oniri.io.

28. Kracke, Waud H., «Cultural Aspects of Dreaming», en Dreamresearch.ca, <https://www.dreamresearch.ca/pdf/cultural.pdf>.

espíritus de los sueños, que comparten información contigo mientras duermes para ayudarte a tener éxito.[29]

La tribu amazónica peruana llamada Sonenekuinaji se adscribe a una realidad del sueño que ellos llaman «eshawa», en la que las líneas entre el sueño y la realidad consciente están borrosas y todas las criaturas, seres y objetos animados están interconectados.[30] La tribu también usaba los sueños para hallar comida y hierbas medicinales, así como para nombrar a sus hijos. Según la autora y editora de documentales Katharine Asals, los iroqueses «son personas con una cultura del sueño altamente elaborada y compleja».[31] Su fuerte creencia en los sueños como profetas y en lo que ellos llaman «maestros» los ha llevado a ver los sueños a modo de decretos que deben cumplirse. Además, los iroqueses eran conocidos por incorporar la sanación onírica y un juego de adivinanzas oníricas en su festival Midwinter. Durante el juego de adivinanzas, la gente compartía pistas sobre un sueño en concreto y el resto de los participantes trataban de averiguar con precisión de qué iba el sueño.[32]

LA ANTIGUA GRECIA

Quizá el registro más extenso que tenemos del rol que los sueños desempeñaban en las vidas de los individuos y la sociedad

---

29. Asals, Katharine, «Chapter 2: Dream Theory in Native North America», en Katharineasals.com, <https://katharineasals.com/articles/the-trope-of-the-dream-and-other-irrational-moments/chapter-2-dream-theory-in-native-north-america/>.

30. Casale, Alessandro, «Indigenous Dreams: Prophetic Nature, Spirituality, and Survivance», en Indigenousnh.com, <https://indigenousnh.com/2019/01/25/indigenous-dreams/>.

31. Katherine Asals, «Chapter 2», en Katharineasals.com.

32. *Ibid.*

en general viene de los griegos. Al prestar atención a las historias y los artilugios históricos de la antigua Grecia, es evidente que los sueños eran importantes en la vida de todos, independientemente de su estatus socioeconómico. El autor Dr. Edward Tick asevera que «en el mundo antiguo, los sueños no eran juegos de sombras… Más bien, soñar era una actividad principal del alma. Las historias de los sueños eran vivencias del alma en una dimensión viva y de otro mundo».[33]

En el mundo antiguo, los sueños eran interpretados como mensajes literales y eventos reales que tenían lugar en el plano del alma. Los sueños eran considerados importantes, y los griegos creían que los sueños les ofrecían una conexión directa con lo divino. En consecuencia, construyeron más de trescientos santuarios y templos del sueño. Incluso tenían deidades que presidían el plano onírico. Muchas de las deidades vistas como aliadas de los sueños también se asociaban con estados liminales del inframundo. Esto no es ninguna sorpresa si tenemos en cuenta la quietud de nuestros cuerpos cuando dormimos y el hecho de que el sueño en sí fue una vez conocido como «la pequeña muerte». (Puedes encontrar un listado de las deidades consideradas aliadas oníricas en el apéndice B).

Hipnos era una de las deidades asociadas con el sueño, y de su nombre proviene el término «hipnosis». Hipnos era el dios griego del sueño que según se dice vivió en Érebo, un reino conocido por su oscuridad infinita. Hipnos era el hijo de la diosa griega Nyx y tenía un hermano gemelo llamado Tánatos, cuyo nombre significa «muerte pacífica». Los oneiros, seres que traían los sueños a los humanos, eran considerados o bien sus hermanos o sus hijos.[34] El hijo de Hipnos, Morfeo, el

---

33. Tick, Edward (2001), p. 19.
34. Payne, Kenn (2022), «Hypnos», en *Naming the God*, Winchester, Moon Books, p. 154.

dios de los sueños, dirigía a los oneiros, pero solo podía influenciar los sueños de otros dioses y de nobles.[35]

Al contrario que en otras culturas, en la antigua Grecia la gente generalmente creía que cualquiera podía comunicarse con los dioses a través de sus sueños. Quizá esta es la razón de que la incubación de sueños desempeñara un papel fundamental en la sociedad griega. Las personas viajaban para visitar santuarios y templos famosos, como Delfos, para practicar la incubación de sueños y buscar respuestas a preguntas, obtener consejo sanador y comunicarse con sus ancestros. Delfos era un destino para miles de griegos que buscaban respuestas, muchas de las cuales estaban relacionadas con dolencias físicas.

El Necromantío, también conocido como el «oráculo de los muertos», está cerca del río Aqueronte, en Epiro, cerca de la antigua ciudad de Éfira. El Necromantío del Aqueronte estaba asociado con las deidades griegas Hades y Perséfone. Por lo tanto, se consideraba que estaba conectado con el inframundo. El Necromantío consistía en sinuosos pasillos subterráneos iluminados únicamente por antorchas. Estos oscuros pasillos similares a un laberinto pretendían imitar el viaje al inframundo. Mientras que algunos buscadores se sometían a rituales estando despiertos en pos de mensajes de fallecidos, había quienes practicaban la incubación de sueños y pasaban la noche durmiendo en los pasillos con la esperanza de recibir la visita de un ser querido fallecido o algún ancestro.

LOS SUEÑOS COMO MÉTODO DE SANACIÓN

Puede que los templos griegos de incubación de sueños más conocidos fuesen aquellos dedicados a Asclepio. Considerado el

---

35. Williams, Bethany (2022), «Morpheus: The Greek God of Dreams and Nightmares», en Thecollector.com, <https://www.thecollector.com/morpheus-greek-god/>.

hijo de Apolo, Asclepio era conocido por sus habilidades médicas y de sanación. Según dice el mito, Apolo, dios de la medicina y la profecía, entre otras cosas, estuvo un tiempo con Coronis, princesa de Tesalia. Cuando Apolo se enteró de que Coronis se había quedado embarazada de otro hombre, mandó a su melliza, Artemis, a matar a Coronis. El niño fue arrancado del cuerpo sin vida de su madre y llamado Asclepio antes de ser entregado a Quirón, un centauro muy versado en las artes de sanación.

Quirón transmitió todos sus conocimientos de hierbas y sanación a Asclepio, que también aprendió lo que hoy en día llamamos psicoterapia. Se decía que había heredado los dones de diagnóstico, sanación y conocimiento de Apolo. Impresionada por Asclepio, Atenea también le hizo entrega de poderes de sanación por medio de la sangre de Medusa. Según cuenta la leyenda, la sangre del lado derecho del cuerpo de Medusa tenía la capacidad de sanar, mientras que la del lado izquierdo tenía el poder de matar. A pesar de tener todo este conocimiento y poder, Asclepio no tardó en vérselas con Hades por usar sus habilidades para revivir a los muertos. Hades se quejó a Zeus, a quien convencieron de que ningún mortal debería tener tanto poder, y mató a Asclepio con su rayo. No obstante, después de reconsiderar el talento de Asclepio, Zeus lo convirtió en un dios de sanación y le permitió regresar a la tierra de los vivos. Asclepio es más conocido por su símbolo, una vara con una serpiente enroscada.

El académico griego Dr. Edward Tick señala que Asclepio visitaba los sueños de las personas adoptando su forma habitual o su cuerpo animal, de serpiente o perro. La incubación de sueños se componía de varios procesos, como veremos en el capítulo 9. En el caso de uno de los templos de Asclepio, el dios debía aparecerse para sanar el mal de la persona que lo visitaba. Sin embargo, había otras maneras o instrucciones para curarse. Por ejemplo, el doctor Tick explica que uno de los templos ofrecía la siguiente «prescripción» para sanar: «Tras estar tres días en ayuna, quien suplica debe sumergirse en las aguas del Partenio, incluso en invierno, y rezarle a Artemisa; entonces llegaría la sanación».[36]

Otros buscadores declararon haber experimentado «cirugía onírica» en uno de los templos; en sueños podían ver a una deidad operando en la parte de su cuerpo en la que tenía la dolencia. Estos buscadores afirman haber sanado al despertar. Asclepio y el culto a este eran conocidos más allá de Grecia. Pérgamo, Turquía, era el hogar de uno de los santuarios de Asclepio, y fue tomada por Roma en el año 129 a. C. A pesar de la popularidad de los templos de Asclepio, el cristianismo se expandió y eliminó a los seguidores y templos dedicados a este o, en algunos casos, hizo que los devotos llevaran a cabo sus ritos a escondidas. El culto a Asclepio se mantuvo en Grecia más o menos hasta el siglo v d. C.[37]

LA PSICOLOGÍA MODERNA DE LOS SUEÑOS

Las figuras que probablemente estén más relacionadas con la investigación de los sueños en la historia moderna son los psicólogos Sigmund Freud y Carl Jung. Sigmund Freud trajo los sueños de vuelta al ojo público a finales de 1800, cuando publicó su libro *La interpretación de los sueños*. Freud creía que los sueños nos ayudaban a entender lo que nos ocurría estando despiertos, aunque centraba sus teorías en lo que él veía como deseos reprimidos, normalmente de naturaleza sexual o agresiva. Según Freud, el contenido de los sueños es el resultado de estímulos físicos

---

36. Tick, Edward (2001), p. 14.
37. *Ibid.*

mientras dormimos (por ejemplo, las ganas de ir al baño), eventos del día anterior y cosas que vivimos siendo muy jóvenes que nuestra mente consciente no recuerda.[38]

Freud creía que el contenido latente de los sueños era el resultado de nuestros intentos por enterrar nuestros deseos considerados tabú e inaceptables por la sociedad. Obviamente, dada la afición de nuestro subconsciente por el simbolismo y la ambigüedad, la persona no suele ser capaz de dar sentido a los mensajes que el subconsciente trata de transmitirle. Freud, por lo tanto, prescribía la libre asociación como manera de entender el significado latente de nuestros sueños. En teoría, un psicoanalista podía oír las asociaciones que hacía libremente la persona y ayudarla a entender sus deseos ocultos y superar sus inhibiciones.

Carl Jung empezó siendo un estudiante de Freud, pero su visión de los sueños variaba mucho de la de su mentor. Mientras que Freud consideraba que el subconsciente trataba de ocultarle cosas a la mente consciente, Jung creía que los sueños eran la manera en la que el subconsciente trataba de compartir lo que estaba oculto y mejorar la comprensión de la propia mente. Jung se centró en la interacción en sueños entre nosotros (representados por nuestro «ego onírico») y otras figuras oníricas. Un elemento añadido en las teorías de Jung era la creencia en los arquetipos, que estaban formados por lo que él llamaba «inconsciente colectivo», una porción de nuestro subconsciente que consistía en memorias ancestrales que pasaban de generación en generación.[39]

---

38. Rodriguez, Emily (2016), «Oneiromancy», en Britannica.com, <https://www.britannica.com/topic/oneiromancy>.

39. Fritscher, Lisa (2023), «Carl Jung's Collective Unconscious Theory: What It Suggests About the Mind», en Verywellmind.com, <https://www.verywellmind.com/what-is-the-collective-unconscious-2671571>.

El propósito del inconsciente colectivo, según Jung, era que pudiésemos hallar información útil en tiempos de crisis. Las teorías de Jung sobre los sueños eran de doble naturaleza, puesto que él creía que se podían hallar arquetipos similares en diversas culturas, haciendo que una parte de lo que representan en nuestros sueños tenga un simbolismo universal. Al mismo tiempo, dado que cada persona tiene su propio subconsciente, los sueños solo pueden entenderse a través del conocimiento de quien los tiene. Los libros más famosos de Jung al respecto —*Recuerdos, sueños, pensamientos, El hombre y sus símbolos* y *Sueños*— hablan largo y tendido de sus teorías.

Con el avance de la tecnología moderna, ha habido grandes progresos en la investigación del sueño, especialmente en lo que respecta a los sueños lúcidos. Uno de los más prominentes es la «hipótesis de la continuidad», que asevera que hay «una continuidad en la actividad mental entre la vigilia y el sueño».[40] La investigación del sueño se ha expandido para abarcar estudios sobre retos o experiencias específicos, como, por ejemplo, cómo ayudar a individuos con trastorno de estrés postraumático que tienen pesadillas de manera recurrente.

---

40. Roesler, Christian, «Jungian Theory of Dreaming and Contemporary Dream Research—Findings from the Research Project "Structural Dream Analysis"», *Analytical Psychology*, 65, n.º 1 (febrero de 2020), p. 44–62, <https://doi.org/10.1111/1468-5922.12566>.

3
PREPARANDO EL TERRENO

Una de las cosas más importantes que podemos hacer para aumentar la efectividad de nuestra magia onírica es invertir tiempo en preparar el escenario para nuestras prácticas mágicas por medio de una serie de actividades previas. Al igual que en otras formas de magia, la buena preparación y la planificación ayudan a asegurar el éxito. La diferencia con la magia de los sueños es que la mayoría de la magia ocurre cuando estamos durmiendo. Por lo tanto, la calidad y cantidad de sueño es fundamental.

En ciertas manera, los avances tecnológicos de nuestra sociedad han hecho que tener una buena noche de sueño sea más complicado. Hasta hace poco, nuestros ancestros no solían tener electricidad; los lugares en los que dormían estaban más oscuros y los patrones del sueño estaban alineados de manera más natural con la hora del día, en lugar de estar determinados artificialmente. Los avances tecnológicos han derivado en inventos como la televisión, el móvil y el portátil, que nos ofrecen entretenimiento, conexión social y acceso a información. Sin embargo, muchos estudios muestran que la luz azul que emiten estos dispositivos bloquean la producción de la hormona del sueño, la melatonina, haciendo que nos resulte más difícil dormir.

Hay muchos otros factores que afectan a la calidad del sueño. Algunos de ellos son naturales y pudieron haber afectado a culturas antiguas, pero la mayoría son problemas actuales. Estos factores incluyen, entre otros, los siguientes:

- Niveles de estrés
- Cambios hormonales
- Fases lunares
- Luz artificial
- Horarios laborales
- Interrupciones sonoras
- Enfermedad
- Efectos de medicación moderna, drogas recreativas y alcohol
- Compartir cama

Los retos del sueño llevan aumentando muchos años, y la pandemia de Covid-19 ha afectado negativamente de manera drástica a la calidad y cantidad de sueño. Según un artículo publicado por la Asociación Americana de Psicología, en 2021 dos de cada tres estadounidenses declaraban tener insomnio o tendencia a no dormir demasiado.[41]

SENTANDO LAS BASES

El primer paso para prepararse para el trabajo mágico es hacer todo lo posible por sentar las bases para tener un sueño apacible. Hay muchos pasos prácticos que podemos dar para alcanzar este objetivo. Usar cortinas opacas y un antifaz puede ayudar a bloquear la luz que podría interferir con el sueño.

41. Abrams, Zara, «Growing Concerns About Sleep», *American Psychological Association*, 40, n.º 4 (2001), <https://www.apa.org/monitor/2021/06/news-concerns-sleep>.

Evitar la luz azul dos o tres horas antes de irse a dormir también es muy útil. (Si tienes que usar herramientas que emiten luz azul poco antes de irte a la cama, puedes comprar gafas con filtro de luz azul). Si no puedes eliminar ninguna de las distracciones sonoras que podrían interrumpir tu sueño, quizá quieras reproducir ruido blanco para minimizar los impactos de los sonidos.

Compartir cama con otra persona o con una mascota querida también puede influir en nuestros patrones de sueño. A ser posible, quizá quieras sacar de tu cuarto a tus mascotas durante las noches en las que vayas a realizar trabajo mágico o dormir en otra habitación. (Puedes encontrar más información sobre cómo crear tu propio templo del sueño en el capítulo 9).

También es importante evitar el alcohol y otras sustancias antes de realizar trabajo mágico. Puede que no tenga mucho sentido, ya que algunas sustancias son conocidas por tener un efecto calmante, pero, aunque sustancias como la marihuana pueden ser relajantes, por algún motivo parecen alterar los patrones de sueño y la calidad de los sueños. Además, según varios estudios la marihuana puede suprimir la fase REM del sueño.

Algunas personas también evitan consumir carne, azúcar y cafeína antes de practicar magia. Yo he descubierto que me concentro mejor en los rituales, y las artes mágicas en general, cuando no consumo estos elementos al menos durante tres o cuatro horas antes de ponerme manos a la obra. Mi cuerpo a veces se siente más pesado cuando consumo estas cosas, y la cafeína hace que sea más difícil entrar en estado de reposo. Es una decisión personal, por supuesto, pero te animaría a mantenerte lejos de estas sustancias cuando hagas trabajo mágico para ver si notas alguna diferencia. Comer demasiado de cualquier cosa antes de irse a la cama también puede alterar el sueño.

Algunos estudios han demostrado que permitirse cierto tiempo de desconexión antes de irse a dormir puede ser útil en términos de trabajo mágico. Según la doctora Patricia Garfield, autora de *Creative Dreaming* («Sueños creativos»), numerosas investigaciones han llegado a la conclusión de que llevar a cabo actividades tranquilas por tu cuenta antes de irte a dormir, aumenta la probabilidad de ser consciente de tus sueños y tener ciclos de REM hasta un 60 % más largos que aquellos que no lo hacen.[42] Yo, personalmente, me he dado cuenta de que incorporar cierto ritual o «detonante» en las actividades previas al trabajo mágico puede, con el tiempo, hacer que sea más fácil entrar en un estado mental más alineado con los sueños intencionados y centrados en ellos. Por ejemplo, solía tener dificultades para desconectar mi mente cuando meditaba o realizaba trabajo mágico; mi cerebro parecía saltar de un pensamiento a otro, y tenía problemas para mantenerme centrada y quieta. Con el tiempo, sin embargo, me di cuenta de que al encender incienso antes de realizar estas actividades, mi cerebro interpretaba su olor como señal de que era hora de relajarse, y ahora mi habilidad para entrar en un estado propicio al sueño ha mejorado gracias a este simple acto.

ACCEDIENDO AL MUNDO DE LO LIMINAR

Muchos mitos de todo el mundo y prácticas indígenas relacionadas con rituales, la conexión con lo divino y el acceso a un estado liminar subrayan la necesidad de purificarse y alejarse de lo mundano antes de realizar trabajo mágico. A mi parecer esto es especialmente relevante en el caso de la magia onírica. Varios mitos y

---

42. Garfield, Patricia (1995), p. 92.

tradiciones apuntan al uso de ciertas plantas y aceites que pueden actuar a modo de aliados a la hora de purificarse y alejarse de lo mundano. Estos incluyen, entre otros[43]:

- Dormir bajo una planta amiga.
- Colocar en una almohada de los sueños hierbas tales como milenrama, llantén, bardana y artemisa (esta ultima, según se dice, ayuda a tener sueños sobre tu futura pareja). La raíz de la artemisa, en general, era considerada un eficaz amuleto de los sueños.
- Preparar una infusión de brandi o vodka con plantas inofensivas amigas del sueño, y beberse una parte o aplicársela sobre la piel.
- Usar decocciones de artemisa, rosa, azahar o magnolia en el baño para inducir sueños.
- Quemar plantas inofensivas amigas del sueño, como el incienso.
- Cantar cosas de tres en tres.

Puedes encontrar más información sobre hierbas y aceites en sintonía con el trabajo mágico en el apéndice C.

ALIADOS ONÍRICOS

Los aliados oníricos son entidades que pueden ayudarte en tu trabajo mágico. Los aliados pueden ser deidades, animales, criaturas mitológicas o, incluso, plantas. Quizá te des cuenta de que una deidad con la que ya trabajas puede ser también de ayuda en

---

43. Boyer, Corinne (2022), *Dream Divination Plants in the Northern European Tradition*, Hercules, Three Hands Press, pp. 23, 26, 44, 59-61, 85.

lo que respecta a la magia de los sueños. Muchas deidades, y otras entidades relacionadas con las tareas del psicopompo (guías para las almas de los muertos) y el inframundo, también pueden ser grandes aliadas dada la liminalidad de ambos mundos. En el apéndice B aparece un extenso listado de potenciales aliados oníricos, pero puedes encontrar tus propios aliados usando la meditación guiada que se detalla a continuación. Si estás empezando a explorar la magia onírica, quizá quieras pedir un aliado onírico general. Sin embargo, también puedes utilizar esta meditación para conocer aliados oníricos que te ayuden en una determinada tarea, como los sueños lúcidos o contactar con tus ancestros. Te recomiendo encarecidamente que mantengas un diario sobre tu experiencia con esta práctica o como mínimo hagas un dibujo o describas el símbolo y cualquier otra pieza de información que te resulte importante. A medida que pasa el tiempo, puede resultar sencillo olvidar aquello que te han dicho en el plano astral, y puede que incluso te des cuenta de que cierta información que no parecía útil cuando la obtuviste por medio de la meditación, se torna relevante y cobra sentido a medida que avanzas en tu trabajo mágico.

Conociendo a tus aliados oníricos

Siéntate o túmbate en una posición cómoda en un lugar en el que es poco probable que te interrumpan. Empieza por respirar hondo varias veces, lentamente. Cuando te sientas lo suficientemente relajado, visualiza una puerta frente a ti; puede ser cualquier tipo de puerta, incluso un portal. Cuando estés listo, atraviesa el umbral y adéntrate en el claro de un bosque en mitad de la noche. A pesar de que está oscuro, las estrellas y la luna llena sobre ti iluminan lo suficiente para que puedas ver lo que hay frente a ti y a tu alrededor.

En el centro del claro hay un gran roble en plena floración; sus ramas se extienden en distintas direcciones, mientras una brisa suave hace que las hojas del árbol se mezan hacia delante y atrás en un baile casi hipnótico. En la base del roble hay un bol precioso que te das cuenta de que es para ofrendas. Te sientas durante un momento de cara al árbol mientras piensas en lo que quieres lograr mediante el trabajo mágico onírico. Cuando estés listo, expresa tu deseo de encontrar un aliado onírico a la par que dejas algún tipo de ofrenda en el bol. Luego, te incorporas y te alejas un poco del árbol antes de volver a sentarte en el suelo frente a él.

Cuando te sientes, cierra los ojos y concéntrate en la información que estás recibiendo por medio de tus otros sentidos mientras esperas a que se acerque tu aliado (o aliados) onírico. Pronto sientes una descarga de energía en el aire al escuchar un crujido cerca del árbol. Tómate un momento para prestar atención a los cambios que han percibido tus sentidos. ¿Qué oyes? ¿Identificas algún olor? ¿Qué sensación te da la energía que te rodea? Tras tomarte un momento para sumergirte en estos detalles sensoriales, abre tus ojos. Ahí, junto al roble, está tu aliado onírico.

Este se acerca a ti y se acomoda justo frente a ti. Tu aliado empieza entonces a comunicarse contigo. Podría ser a través de una voz humana, un sonido animal, o incluso pensamientos o imágenes que aparecen en tu mente. Sea cual sea la forma de comunicación que emplee tu aliado, entenderás de manera intuitiva lo que quiere decir. Pregunta por qué requieres su presencia y qué ayuda necesitas. Te tomas un momento para responder a sus preguntas. Entonces prestas atención a cualquier información que pueda compartir contigo. Preguntas por su nombre y respondes.

Cuando tu aliado ha terminado de compartir informa-
ción contigo, te pide que estires tu mano para entregarte un
símbolo que actuará a modo de llave en caso de que necesites
contactar con él de nuevo en el plano astral o desees invocarlo
durante tu trabajo mágico. Presta mucha atención al símbolo
que te ha dado, ya que lo usarás para contactar con él en el
futuro. Puedes hacer uso de este símbolo visualizándolo o di-
bujándolo durante el ritual y en tus sueños. Si desearas con-
versar con tu aliado onírico para comprender mejor tus sueños
y que te sirva de guía en tu trabajo mágico, deberás simple-
mente regresar a este espacio, colocar el símbolo en el roble y tu
aliado aparecerá.

Cuando estés listo, da las gracias a tu aliado y date la
vuelta para marcharte. Camina de regreso al claro y verás un
sendero que atraviesa el bosque hasta la puerta que da a este
mundo. Atraviesa el umbral y vuelve a la realidad mundana,
respirando hondo y tocando el suelo con las manos si es necesa-
rio. Cuando estés preparado, abre los ojos.

CREANDO UN ESPACIO SEGURO

A lo largo del resto del capítulo, hay varias actividades diseñadas para ayudarte a preparar el terreno para practicar magia
onírica. Como con la mayoría de los tipos de trabajo mágico, es
importante asegurarse de que el espacio en el que vas a soñar
está protegido tanto en sentido mundano (por ejemplo, frente
a posibles interrupciones) como en sentido mágico. Yo me ase-
guro de proteger el lugar o crear un espacio sagrado antes de
realizar actividades relacionadas con la magia onírica. Se puede
crear un espacio seguro de muchas maneras distintas, que incluyen, entre otras, trazar un círculo, el reiki u otros símbolos

mágicos para purificar o proteger el espacio, e invocar deidades y aliados asociados con la magia onírica para pedirles que monten guardia en las esquinas y entradas de tu habitación para protegerla.

Protección

Es mejor llevar a cabo esta práctica antes de realizar el trabajo mágico e irse a dormir. A continuación, unos pasos básicos a seguir:

1. **Purifica tu espacio.** Esto se puede hacer de diversas maneras, como caminar en torno al espacio físico mientras hacemos uso de instrumentos musicales (por ejemplo, campanas, cuencos tibetanos de cristal, tambores o, incluso, la voz), rociar el área con agua lunar u otro tipo de agua sagrada, y usar hierbas sagradas conocidas por sus habilidades purificadoras. (Nota: Los pueblos indígenas utilizan la salvia blanca y el palo santo en sus prácticas culturales, así que es muy recomendable evitar estas hierbas; la salvia blanca en particular está además amenazada por la sobreexplotación. Otras hierbas comunes, como la salvia de jardín, la lavanda, la artemisa y el romero, pueden usarse de manera efectiva para tareas de purificación. Asegúrate de informarte si no tienes claro si una hierba que tienes pensado utilizar está asociada con una cultura indígena que no es la tuya o está en riesgo de sobreexplotación).
2. **Declara tu intención.** Yo suelo verbalizar mi propósito para crear un espacio sagrado y protegido, normalmente enunciándolo tres veces.
3. **Traza un círculo.** Esto es opcional, pero puede añadir una capa extra de intención a tu esfuerzo por proteger

el espacio. Cuando trazas un círculo con este objetivo, me gusta imaginar un anillo protector en torno al perímetro de mi habitación, como un círculo de piedras puestas en pie, un muro de fuego o una capa transparente de hielo. Tu visión de tu círculo está limitada únicamente por tu imaginación.

4. **Escoge las herramientas, aliados y símbolos que vayas a usar a modo de protección.** Si estoy trabajando con una deidad o un aliado onírico, normalmente me embarco en un viaje guiado para encontrarme con ellos y pedirles ayuda. También presto atención a cualquier consejo que tengan para mí, ya que a veces tienen sugerencias útiles o me advierten de potenciales obstáculos a los que debo estar atenta. Entonces imaginaré a mis aliados y deidades de pie en cada esquina y entrada de la habitación. Si estás trabajando con un único aliado, puedes imaginarte dobles de este en cada esquina y punto de acceso. Si estás trabajando con múltiples aliados y deidades, quizá quieras considerar dónde deberían estar ubicados en función de factores como su vínculo con los elementos y las direcciones.

   También puedes usar objetos físicos junto con estos aliados o por separado. Estos objetos pueden incluir piedras o cristales, herramientas espirituales, hierbas y otras representaciones físicas que simbolizan la protección y a los aliados. Cuando uso objetos, los coloco en cada una de las esquinas y puntos de entrada de la habitación.

5. **Cuando hayas acabado con el trabajo mágico, abre el círculo y retira la protección.** Personalmente, me resulta eficaz abrir el círculo y quitar las protecciones al día siguiente, cuando me levanto, para marcar aún más la diferencia entre el propósito mundano de mi habitación

cuando no estoy practicando magia y cuando la practico de manera intencionada. Podrías dejar el círculo y la protección, pero deben ser reforzados y mantenidos de manera regular para ser efectivos.

ALTARES DE LOS SUEÑOS

Otro poderoso elemento de la magia onírica es la creación de un altar de los sueños. Este es similar a cualquier otro altar usado en la magia: un punto focal para el trabajo mágico. Los altares nos ayudan a conectar con lo divino y las energías mágicas asociadas con lo que deseamos lograr. No hay ninguna regla escrita sobre lo grande que debe ser el altar o lo que debería colocarse en él, así que puedes dejar volar tu imaginación a la hora de montarlo.

Si tienes espacio en casa, quizá quieras construir un altar en ciertas superficies, como una estantería, una cómoda, la repisa de la chimenea o una mesa pequeña. (Los altares también pueden ponerse fuera, pero, a menos que planees realizar el trabajo mágico ahí, es probable que no sea tan efectivo en el caso de la magia onírica). Si no tienes espacio para construir un altar mediano o grande, o no quieres atraer la atención hacia tu trabajo, puedes usar objetos como una caja pequeña o una lata. Me he dado cuenta de que para mí son suficientes las cajas de puros y libros que, en realidad, son cajas. Puedes encontrar pequeñas latas en tiendas locales de artesanías o usar una que solía contener caramelos.

Como con cualquier altar, querrás incorporar elementos que se correspondan con tu intención. Esto podría incluir cristales o hierbas amigos de los sueños, representaciones de la luna y las estrellas, y de elementos como el aire o el agua. Si tienes un objetivo concreto para tus sueños, puedes incluir un símbolo de ello también. Por ejemplo, si deseas soñar sobre temas relacionados con tu relación, podrías colocar un corazón en tu altar de los sueños. Si tu intención es conectar con un ser querido fallecido, puedes usar una foto de esa persona y algo que haya sido importante para ella. También puedes colocar en el altar saquitos de sueños, almohadas y muñecas. Recomiendo quitarle el polvo a tu altar regularmente si es posible, y quizás dejar ofrendas en él de vez en cuando.

Mi altar de los sueños va cambiando, pero normalmente incluye muchas de las siguientes cosas:

- Una vela o luces decorativas (para representar las estrellas del cielo).
- Cristales tales como la amatista, la piedra lunar, la piedra dorada y la ágata dendrítica.
- Rosas, lavanda y artemisa.
- Un pequeño cáliz con agua de luna, agua fresca de manantial o agua de una fuente natural, como un río u océano (el agua ha estado desde hace mucho tiempo relacionada con estados liminares y viajes a mundos más allá de nuestro plano mundano).
- Un quemador de incienso e incienso.
- Una pluma (que representa nuestra «huida» en sueños).
- Una muñeca de los sueños o almohada.
- Un cuenco de adivinación o espejo.
- Una campana que hago sonar antes de realizar el trabajo mágico para señalar que voy a adentrarme en un estado liminar y mágico.
- Símbolos para representar guías de sueños o deidades, como una pequeña figura de un búho y una pequeña estatua de Perséfone (puedes encontrar una larga lista de deidades asociadas con el sueño y guías en el apéndice B).

- Cartas del tarot o el oráculo asociadas con la intención de los sueños.
- Hilo plateado para conectar con Arianrhod y el mundo de los sueños.

También he usado altares de los sueños de viaje en pequeñas latas que contenían elementos que no eran manifiestamente mágicos. Incluían cosas como una pequeña vela eléctrica, un cristal, un hilo azul o plateado y un trozo de papel con un dibujo de un sello o runa relacionado con los sueños. Cuando viajo, simplemente coloco el recipiente en mi mesita de noche y lo observo mientras visualizo el objetivo de mis sueños antes de irme a dormir.

HACIENDO MUÑECAS DE LOS SUEÑOS Y SAQUITOS

Las muñecas y las almohadas o saquitos de los sueños pueden ser muy útiles en lo que respecta al trabajo mágico, y, por suerte, ¡no tienes por qué ser muy hábil ni tener dotes artísticas para hacerlas! Creé mi primera muñeca de los sueños a modo de proyecto para una búsqueda avaloniana en la que participé. La tarea era crear algo para honrar o representar nuestra conexión con la diosa galesa Arianrhod. Mi antiguo proyecto había consistido principalmente en piezas escritas, musicales o *collages*, medios con los que estaba familiarizada. Basándome en mis interacciones con Arianrhod, decidí salir de mi zona de confort para este proyecto en particular. Aunque creo que soy una persona muy creativa, no soy hábil con un hilo y una aguja. Terminé haciendo una simple muñeca de los sueños con unos pocos materiales, y para mí es una aliada muy potente en la magia onírica. Siéntete libre de hacer los cambios que veas oportunos a las siguientes instrucciones para hacer una muñeca de los sueños.

Creación de una muñeca de los sueños

Materiales necesarios

- Suficiente tela para hacer tu muñeca (yo encontré un puñado de retazos cuadrados de tela que no eran caros en una tienda local de artesanías). El color y diseño de la tela depende totalmente de ti, pero debería ser algo que asocias con los sueños y con un aliado o deidad onírico. Dado que Arianrhod está asociada con el cielo nocturno, utilicé telas de distintos tonos de azul y plata.
- Bolas de algodón (suficientes para rellenar la tela)
- Aceites, hierbas o cristales (dependiendo del propósito de la muñeca) asociados con dormir y los sueños
- Hilo y aguja

Opcional

- Hilo para el pelo
- Botones, caracolas marinas o cuentas para las facciones o decoración
- Cualquier otro símbolo que desees incorporar

Instrucciones

1. Dibuja el contorno de la muñeca en un trozo de papel. Usarás esto para recortar la tela siguiendo el patrón, así que asegúrate de incluir brazos y piernas. Asegúrate de recortar dos trozos de tela utilizando el dibujo.
2. Usando la aguja y el hilo, une los dos trozos de tela formando una muñeca. Yo utilicé hilo de color azul oscuro a

juego con la paleta de colores de mi muñeca, pero cualquier color sirve. Asegúrate de dejar una apertura en la parte de arriba. Por ahí es por donde introducirás las bolas de algodón.

3. Échale cualquier aceite que desees a las bolas de algodón. (Puedes encontrar una lista de aceites, cristales y hierbas asociados con los sueños en el apéndice C).

4. Mete las bolas de algodón por la apertura. Asegúrate de rellenarla bien para que no queden espacios sueltos o hundidos.

5. Añade cualquier hierba o cristal que desees. También puedes incorporar mensajes escritos o símbolos dibujados en papel.

6. Termina de coser la muñeca. Añade cualquier elemento adicional, como hilo para el pelo y cuentas o botones para los ojos, o cualquier símbolo que quieras incorporar. Arianrhod está asociada con la rueca plateada del cielo nocturno. Encontré un amuleto de dicha rueca que no era caro en una tienda de artesanías local, así que lo cosí al pecho de la muñeca. También añadí hilo azul brillante para el pelo.

7. Siéntate en un lugar silencioso frente a tu altar de los sueños (si tienes uno) sujetando la muñeca en tu mano. Visualiza y verbaliza el propósito de esta muñeca. Puede que incluso quieras hacer un viaje guiado a un lugar que asocias con soñar o con la deidad o aliado en el cual has basado el diseño de esta muñeca para dedicársela.

8. Para acabar, pon la muñeca en el altar de los sueños (o uno general) o en cualquier otro espacio sagrado, y deja que se cargue durante varios días con el propósito que le has dado. Considero que esto es especialmente útil durante la

fase creciente de la luna. También puedes cargar la muñeca fuera bajo la luna.

Tu muñeca puede tener un lugar permanente en tu altar de los sueños o ser colocada a tu lado o debajo de tu almohada cuando estés realizando trabajo mágico. Si estás intentando activar un sueño en particular, puedes escribir aquello sobre lo que deseas soñar en un trozo de papel y fijarlo a la muñeca usando un imperdible. Recomiendo recargar la muñeca cada ciclo lunar para obtener el máximo beneficio.

Si no deseas hacer una muñeca, puedes hacer una simple almohada de los sueños usando las mismas instrucciones. Una opción mucho más sencilla, si no quieres coser, es hacer un saquito de los sueños. La ventaja de hacer un saquito es que incorpora elementos que quizá ya tengas en casa y que no hace falta coser. También puede ser más fácil viajar con él y menos llamativo comparado con una muñeca.

Confección de un saquito de los sueños

Materiales necesarios

- Trozo limpio de tela que puede atarse, como un pañuelo, un trozo de fieltro, una servilleta de tela o una toallita
- Cinta o hilo
- Bolas de algodón

Opcional

- Aceites, hierbas y cristales: artemisa, lavanda, rosa y camomila son buenas hierbas oníricas básicas. (Encontrarás una lista extensa de aceites, hierbas y cristales en el apéndice C)
- Sellos, mensajes y elementos simbólicos o dibujos

Instrucciones

1. Coloca tu tela en una superficie plana y estírala.
2. Pon bolas de algodón en el centro (bañadas en aceite si lo deseas), así como otras hierbas, símbolos o mensajes, o elementos que quieras incluir.
3. Junta todas las puntas y une la tela utilizando un lazo o hilo para que ninguno de los ingredientes se salga.
4. Siéntate en un lugar silencioso frente a tu altar de los sueños (si tienes uno) sujetando tu saquito en una mano. Visualiza y verbaliza el propósito que tiene este saquito. Para acabar, ponlo en el altar de los sueños (o uno general), o en cualquier otro espacio sagrado, y deja que se cargue durante unos cuantos días con el propósito que le has dado. Una vez más, considero que la fase creciente de la luna es la más apropiada. También puedes cargar el saquito bajo la luna.

EL USO DEL AGUA EN LA MAGIA DE LOS SUEÑOS

Como con cualquier clase de magia, realizar algún tipo de ritual para salir del mundo cotidiano y adoptar una mentalidad espiritual es una parte importante y básica para un trabajo mágico exitoso. Una manera fantástica de entrar en este estado mental es con un baño ritual. El agua es conocida por ser sanadora y purificadora, y también está asociada en muchas culturas con el acceso a otros planos. Antes de modernos inventos, como los coches y los aviones, viajar a otras tierras requería cruzar un océano. A las islas, que normalmente son consideradas lugares liminares, se accede principalmente a través del agua.

En la mitología celta, el agua desempeña un papel fundamental en el acceso a planos liminares. En la mitología irlandesa, en particular, tienen el concepto «immram»: un viaje a través del mar y más allá de la novena ola hacia el otro mundo. En la tradición griega, los cuerpos de agua desempeñan un papel clave a la hora de cruzar al inframundo. El río conocido como Estigia se estableció como frontera del inframundo y para cruzarla era necesario pagarle al barquero, Caronte, con una moneda especial llamada «óbolo». Por esta razón, era tradición colocar una moneda en la boca del fallecido, o dentro de ella, durante los ritos fúnebres. Aunque el mundo de los sueños no es técnicamente lo mismo que el inframundo, hay muchas similitudes entre ambos.

Un baño ritual no solo nos ayuda a liberarnos de nuestros pensamientos mundanos y la energía que hemos acumulado durante el día, sino que también nos remite a nuestro tiempo en el vientre materno. Existen paralelismos entre el proceso de dar a luz y nuestro viaje al mundo de los sueños: tanto el vientre como el estado de sueño pueden ser lugares de confort y oscuridad que nos preparan para «nacer» en el otro mundo; el vientre es el portal o punto de partida de la experiencia humana, así como dormir nos lleva al plano subconsciente de los sueños. Darse un baño ritual es una manera simple de hallar un lugar de tranquilidad y calma a medida que nos preparamos para hacer la transición hacia un estado de sueño.

Baño ritual para la magia onírica

Instrucciones

1. Llena una bañera con agua que esté entre tibia y caliente. La temperatura exacta depende de la preferencia de cada persona, pero debería estar lo suficientemente caliente para que no pases frío si pasas un buen rato en el agua y no

tan caliente como para que eso te distraiga o haga que quieras acabar antes.

2. Prepara el terreno para tu baño ritual asegurándote todo lo posible de que no te interrumpirán. Puede que también quieras emplear elementos adicionales como velas y poner música suave. A mí personalmente me gusta apagar las luces y colocar velas normales o eléctricas alrededor de la bañera, así como poner música relajante a bajo volumen.

3. Perfuma tu baño con hierbas, aceites y flores asociadas con tu propósito. Por ejemplo, yo normalmente uso rosas y lavanda si mi objetivo principal es relajarme, y hierbas como la artemisa y el loto azul si estoy intentando tener sueños lúcidos o proféticos. O bien puedes colocar las hierbas y aceites directamente en la bañera o atarlos a un pequeño trozo de tela para queso y colocar este debajo del grifo, a medida que cae el agua, o directamente en la bañera. Mientras estás tumbada en la bañera, cierra los ojos e imagina que estás descansando en tu espacio seguro pero liminar. Puedes imaginarte que estás en el vientre materno o pensar que tu bañera es un caldero. Sumérgete en la sensación de estar entre dos mundos mientras el agua te sostiene y te mantiene en un espacio liminar. Permítete cierto tiempo para poner todos tus sentidos en tu baño ritual: escucha el sonido del agua que se mueve a tu alrededor, presta atención a la sensación del agua rozando tu piel. Puede que quizá quieras respirar hondo y hacer respiraciones lentas para despejar tu mente y centrarte en el momento presente.

4. Cuando te sientes lo suficientemente relajado y abierto al trabajo que tienes por delante, piensa en el propósito de tus sueños. Si solo estás empezando, quizá te centres simplemente en estar en un estado pacífico y receptivo en el

que quizá te quedes dormido fácilmente y estés abierto a lo que te deparen tus sueños. Puedes incluso hablar, cantar o corear tu intención en voz baja.

5. Si estás realizando trabajo mágico avanzado, como sueños lúcidos o proféticos, puedes probar la ceromancia, también conocida como «adivinación por cera de vela». Simplemente echa la cera caliente de una vela en el agua y observa las imágenes que se forman a medida que el agua endurece la cera. En mi caso esto ha sido útil a la hora de mostrarme símbolos que puedo buscar o comprender mejor en sueños.

6. Cuando estés listo, sal de la bañera y sécate antes de ponerte con otras actividades previas al trabajo mágico o de irte a la cama. Asegúrate de apagar cualquier vela encendida. Hacer estas cosas en silencio puede beneficiar la transición al sueño.

7. De manera opcional, después del baño quizá quieras llevar a cabo otras actividades mencionadas en este capítulo antes de irte a dormir.

UTILIZANDO SONIDO

El sonido puede ser una herramienta útil para prepararse para entrar en el mundo de los sueños. Escuchar grabaciones de música de cuencos tibetanos o tamborileo chamánico puede ser una manera estupenda de relajarse hasta dormirse y puede ayudar a nuestras mentes a estar más receptivas. Las campanas también pueden ser útiles a la hora de preparar nuestras mentes para el trabajo mágico. Yo normalmente hago sonar una campana tres veces antes de irme a dormir cuando voy a practicar magia onírica, ya que avisa a mi cerebro de que es momento de adoptar un estado más en sintonía con los sueños intencionados. Con el tiempo, mi mente ha asociado la campana con mi intención hasta el punto de solo necesitar que la toque una vez para empezar a relajarse.

Cantar antes de irse a dormir es otra manera fantástica de establecer tu propósito. Se pueden usar cánticos paganos conocidos, como «Girar, giró, girando/tejer, tejido, tejiendo», o alguno de los cánticos que vienen a continuación. También puedes escribir tus propios cánticos. Debido al poder de las tríadas en la tradición celta y otras, normalmente canto las cosas de tres en tres.

Cántico para un sueño reparador

Caballero/dama de la noche,
a medida que la luz del sol se desvanece,
ayúdame a calmar mi mente y darle descanso a mi cuerpo,
para que pueda dormir bien y estar preparado para el día.

Cántico para tejer sueños y recordarlos

Hoy hilo,
hoy tejo
el mosaico de mis sueños,
para que pueda soñar con _____ esta noche.

Esta noche la intención que he sembrado
en mis sueños debe echar raíces y florecer:
el dibujo, claro;
el recuerdo, realidad;
a la hora de despertar.

Cántico para invitar a tus aliados oníricos a tus sueños

(Inserta aquí el nombre de tu aliado onírico), aliado mío.
Solicito tu presencia cuando cruce la frontera
entre el mundo consciente y el plano de los sueños,
donde normalmente nada es lo que parece.
Por favor, guía y protégeme conforme me aventuro en esta
búsqueda,
para que mi viaje esté bendecido.

CONTROL DE LOS SUEÑOS

Tras descubrir el paganismo y la brujería, durante los primeros años, como parte de mi formación, aprendí una técnica de meditación diseñada para ayudarme a adentrarme en mi propio espacio mágico en el plano astral. La técnica original de meditación nunca funcionó del todo conmigo, pero fui capaz de adaptarla para que tuviese más sentido para mí y fuese, por lo tanto, más útil. El espacio al que viajaba era mío y solo mío y estaba diseñado para que yo pudiese perfeccionar mi trabajo y explorar mis habilidades. Me costó decidir la decoración de mi morada, pero, una vez superado este bache, este templo personal resultó ser para mí un lugar tanto seguro como reconfortante.

Cuanto más trabajaba en mi templo astral, y con él, más evolucionaba y descubría o inventaba elementos basados en mis propias necesidades y evolución de mi trabajo. Una de las herramientas más importantes que hoy existen en este plano es lo que yo llamo «el panel de control». Escondido tras un cuadro colgado en la pared, hay un panel que representa una variedad de habilidades mundanas y mágicas. Mi panel de control normalmente incluye cosas como la empatía y la intuición, así como estados del ser, como la concentración y la relajación. En las exploraciones iniciales de este panel, me di cuenta de que así como tenemos la habilidad de controlar el volumen de la televisión, podía controlar el «volumen» de cada una de las categorías del panel.

Si necesitaba depender de mi intuición más de lo normal, visitaba mi panel de control y subía el volumen de mi intuición. Si, como una persona empática, me daba cuenta de que estaba cargando con demasiadas emociones ajenas, bajaba el volumen de mis habilidades empáticas. A medida que progresaba en mi trabajo mágico, me di cuenta de que podía incorporar también habilidades y enfoques relacionados con los sueños. Las categorías de mi panel de control relacionadas con los sueños incluyen, entre otras, los sueños lúcidos, los paseos oníricos, recordar sueños y los sueños intuitivos. Generalmente subo el volumen de estas categorías según el tipo de trabajo que estoy realizando y, cuando acabo, las bajo hasta un punto neutro.

Después de dar un taller sobre la magia de los sueños el año pasado, uno de los asistentes vino a mí y me preguntó qué podía hacer para reducir la cantidad y vivacidad de sus sueños. Me explicó que había noches en que sus sueños eran tan activos y realistas que entorpecía su capacidad para lograr una noche de sueño reparador. Esta pregunta hizo que me diera cuenta de que puedes obtener grandes beneficios si usas el panel de control para bajar el volumen de ciertos aspectos oníricos, lo que puede ser de gran ayuda también para aquellos que suelen tener pesadillas. A continuación, encontrarás una meditación guiada diseñada para llevarte hasta tu propio templo astral y, más en concreto, hasta tu panel de control.

Para que el ejercicio del panel de control sea efectivo, deberás hacerlo de manera regular, especialmente en las primeras etapas de tu trabajo mágico. Cuanto más trabajes con tu panel de control, más real se convertirá a ojos de tu mente consciente y subconsciente. Además, te recomiendo encarecidamente escribir un diario en el que expliques las distintas categorías con las que has trabajado y los resultados que has obtenido. Para sacar el máximo provecho, recomiendo añadir información extra, como la fase lunar, la hora a la que te fuiste a la cama y cualquier otra actividad relacionada con el trabajo mágico que hiciste antes de irte a dormir. Esto puede ayudarte a localizar factores que han sumado o restado a tus actividades del panel de control. La meditación detallada a continuación es más efectiva cuando se hace justo antes de ir a dormir.

Meditación de panel de control

Siéntate o túmbate en una posición cómoda en un espacio en el que es poco probable que te interrumpan. Empieza por respirar hondo varias veces. Cuando sientas que estás lo suficientemente relajado, visualiza una puerta frente a ti. Puede ser cualquier tipo de puerta, incluso un portal. Cuando estés listo, atraviesa el umbral y te verás caminando por un sendero a través de un jardín. A medida que te acercas al final del camino, te encuentras frente a una casa. Puede ser cualquier tipo de casa. Puede ser el tipo de casa que siempre has imaginado tener o puede ser algo que te sorprenda. Independientemente de si la casa es un castillo enorme o una finca junto al mar, la energía que la casa emite te envuelve y sabes que eres bienvenido en este lugar; es tuyo y solo tuyo.

Metes la mano en tu bolsillo y sacas una llave. Puede ser cualquier cosa, desde una antigua llave maestra hasta un objeto, como un cristal que se ajusta a la perfección a la cerradura de la puerta. Puede que incluso sea un símbolo que deberás dibujar en la puerta. Tómate un momento para estudiar tu llave y luego introdúcela en la cerradura. Oyes o notas cómo cede el cerrojo y te adentras en tu propia morada privada.

Tómate un momento para mirar a tu alrededor y explorar. Tanto el interior de este edificio como el terreno que lo rodea parecen estar diseñados específicamente para satisfacer tus preferencias. El edificio y el terreno parecen seguros, y la energía es únicamente tuya. Es la energía que sientes cuando estás en tu mejor momento, y te sientes feliz, seguro y sereno. El interior y el exterior de este lugar pueden cambiar con el tiempo, pero siempre estará diseñado para encajar contigo a la perfección y satisfacer tus necesidades en cualquier momento dado. Cuando hayas terminado de explorar el espacio, dirige tu atención a una pared de la morada.

La pared está cubierta por una imagen que tiene un gran significado para ti y te hace sentir seguro, con confianza e inspirado. Te acercas a la imagen y te das cuenta de que cuando estiras el brazo para tocarla, se desliza suavemente y deja a la vista un gran panel de control con categorías y botones que te permiten aumentar y disminuir la intensidad de cada una de ellas. Tómate un momento para explorarlas. Puede que incluso quieras experimentar con algunos de estos botones para ver cómo te hace sentir si aumentas o disminuyes la intensidad. Si ya tienes un objetivo específico para tus sueños, tómate un momento para aumentar o disminuir la intensidad de la habilidad que está más en sintonía con tu objetivo. Puede que desees declarar tu intención a la par que usas el panel de control.

Cuando estés listo, toca el borde de la imagen para que se coloque de nuevo sobre el panel de control. Atraviesa la puerta y ciérrala antes de volver a recorrer el camino hasta tu mundana realidad. Cuando alcanzas la puerta que te encontraste al comienzo de la meditación, cruza el umbral y respira

hondo varias veces para volver a la realidad. Si lo necesitas,
puedes tocar el suelo con las manos y los pies para conectarte
con la tierra.

Por favor, ten en cuenta que siempre es una buena idea volver al
panel de control al día siguiente para resetear cualquier categoría
que hayas manipulado y devolverla a un punto medio. En mi
experiencia personal, no hacerlo puede hacer que me extralimite,
lo que puede dar lugar a una sensación de fatiga y desgaste.

Visualización de la rosa

Si no tienes el tiempo o la energía para completar la meditación
del panel de control explicada anteriormente pero aun así tienes
trabajo mágico que deseas llevar a cabo, puedes usar esta simple
visualización para acceder a las habilidades que quieres incorporar
a tu magia. Como con el panel de control, esto funciona mejor si
lo haces justo antes de irte a dormir. Después de tomarte un momento para respirar hondo y adoptar un estado mental receptivo,
imagina un capullo de rosa cerrado en tu mente. O bien declara
en tu mente lo que deseas conseguir (por ejemplo, sueños lúcidos,
manifestación de los sueños, etc.) o dibuja un símbolo sobre la
rosa que represente la habilidad que deseas intensificar o invocar.
A medida que lo haces, imagina que la rosa empieza a abrirse y
florecer hasta que refleja el nivel de intensidad que deseas.

Por ejemplo, si estás intentando potenciar al máximo cierta
habilidad, visualizarías la rosa abriéndose hasta estar completamente en flor. (No recomiendo hacer esto a menos que lleves
practicando magia onírica durante un tiempo. Empezar en un nivel más bajo e ir subiendo con el tiempo te permitirá tener mayor

control sobre tu trabajo mágico). Puedes controlar el punto hasta el cual florece la rosa según el nivel de intensidad al que aspires. Si estás dando tus primeros pasos en el ámbito de la magia onírica, te sugiero que aumentes el nivel de intensidad poco a poco hasta que alcances el nivel de floración que funciona mejor para ti. Una vez más, es recomendable volver al día siguiente y visualizar cómo la flor adopta de nuevo la forma de un capullo para volver a la normalidad y que no agotes tus habilidades o a ti misma.

A medida que empieces a tener éxito en las actividades mencionadas en este capítulo, querrás incorporar la información y las técnicas del capítulo siguiente para recordar y entender mejor los frutos de tu trabajo.

4
RECORDAR E INTERPRETAR SUEÑOS

Si nuestra mente consciente es la que tiene el control durante las horas que estamos despiertos, es justo decir que nuestro subconsciente toma el mando cuando dormimos. Este último contiene las sombras de nuestros pensamientos y sentimientos, hasta el punto de que la mayoría pasamos por la vida sin ser nunca realmente conscientes de que las semillas de nuestras acciones normalmente germinan en la oscura pero fértil tierra de este rincón relativamente oculto de nuestras mentes. La analogía que tiene más sentido para mí es la de manejar un vehículo diseñado para estudiantes de autoescuela: estos vehículos por lo general tienen modificaciones para que tanto el estudiante como el profesor puedan controlar el coche. Si el estudiante necesita ayuda, o en caso de emergencia, el profesor puede tomar el control para evitar accidentes.

En esta analogía, el estudiante —nuestra mente consciente— piensa que está en completo control del vehículo, sin darse cuenta de que hay otra entidad —nuestro subconsciente— que suele ser capaz de tomar el control sin que la primera se entere. Han sido muchos los médicos y filósofos a lo largo de la historia que han considerado que la raíz de cualquier problema, ya sea de salud o no, yace en nuestro subconsciente. El famoso médico griego Galeno (129-216 d. C.) creía que las enfermedades estaban causadas por «disonancias del alma».[44] También se podría decir que nuestro subconsciente es responsable de patrones de elecciones y comportamientos que no nos hacen bien a lo largo de nuestras vidas.

El subconsciente alberga la semilla tanto de algunos de nuestros mayores desafíos como de comportamientos que no nos hacen bien. Aun así, también contiene el poder y la sabiduría para ayudarnos a romper con estos patrones y alcanzar nuestro máximo potencial. Aunque suena contradictorio, la ciencia moderna y la psicología ofrecen una explicación de por qué el subconsciente puede ser tanto el protagonista como el antagonista de nuestras vidas. Según Richard Schwartz, desarrollador de los sistemas de terapia de familia interna (IFS, por sus siglas en inglés), muchos de los patrones de comportamiento que repetimos y que no nos hacen bien empezaron como un mecanismo de defensa o una manera de lidiar con algún trauma del pasado. Schwartz asevera que todas las partes de nuestro sistema interno o psique —incluso las que son destructivas— se crearon «en un intento de proteger el sistema del ser, sin importar lo mucho que parezcan amenazarlo ahora».[45]

Por lo general, todos tendemos a desarrollar nuestros mecanismos de supervivencia y de afrontamiento a partir de sufrimientos pasados, ya fuesen estos grandes o pequeños. Sin embargo, los mecanismos de supervivencia que una vez nos ayudaron normalmente acaban por hacernos daño y merman nuestro potencial a medida que nos hacemos mayores. Si queremos llegar

---

44. Tick, Edward (2001), p. 132.

45. Van der Kolk, Bessel (2014), *The Body Keeps the Score: Brain, Mind, and Body in the Healing of Trauma*, Nueva York, Penguin Books, p. 285.

al núcleo de lo que nos hace daño o nos retiene y tener acceso al poder de nuestro potencial, debemos aprender el lenguaje del alma y el subconsciente. Por esta razón, recordar e interpretar los sueños es crucial. Como señala la autora Nimue Brown, «prestar atención a los sueños es una manera de recuperar la parte salvaje, emocional, irracional y, normalmente, más sabia de nuestro ser, desplazada por las presiones de la vida moderna».[46]

Recordar los sueños con éxito se ha relacionado con mejoras en problemas de salud física y mental. El investigador alemán Michael Schredl dirigió un estudio sobre individuos que participaron en programas de rehabilitación para personas hospitalizadas por adicción al alcohol. Schredl descubrió que los pacientes que eran capaces de recordar sueños relacionados con la bebida al poco tiempo de pasar por rehabilitación tenían más probabilidades de permanecer sobrios un año después de finalizar el programa.[47]

A pesar de la potencial riqueza de sabiduría escondida en nuestro interior, la mayoría no somos conscientes del tesoro que poseemos, y mucho menos sabemos cómo acceder a él. Muchas personas me dicen que no sueñan, cuando la realidad es que todos lo hacemos (de media tenemos al menos seis sueños por noche).[48] Los estudios muestran que la persona promedio solo recuerda sus sueños una o dos veces por semana. Esto significa que entre el 95 y el 99 % de nuestros sueños son olvidados.[49] Este dato no resulta sorprendente si tenemos en cuenta que la mayoría de nosotros vive en una sociedad que no valora o presta atención a sus sueños.

46. Brown, Nimue (2015), p. 10.
47. Rock, Andrea (2005), p. 107.
48. LaBerge, Stephen (2009), p. 18.
49. *Ibid.*, p. 13.

La buena noticia es que cualquiera puede aprender a mejorar su habilidad para recordar sueños. Puede que lleve un tiempo, puesto que nos tenemos que deshacer de nuestro rechazo por los sueños para reacondicionar nuestras mentes y que los vean como portadores de información valiosa, pero con paciencia y dedicación todo es posible. Me he dado cuenta de que, en general, tratar la magia onírica como un juego experimental me da resultados más rápidos y fiables que abordarla como un proyecto a afrontar y completar en un corto periodo de tiempo. Nuestra tendencia a buscar la perfección, a menudo inherente, puede entorpecer nuestros resultados. Como cuando aprendemos nuevas habilidades, debemos concedernos tiempo y espacio para explorar las posibilidades sin esperar la maestría inmediata.

MEJORANDO LA CAPACIDAD DE RECORDAR SUEÑOS

Sorprendentemente, dos grandes factores que influyen en nuestra habilidad para mejorar la capacidad de recordar sueños son, simplemente, establecer el propósito y tener una actitud positiva. Como señala Andrea Rock, el solo hecho de tener interés por nuestros sueños y el deseo de recordarlos ha demostrado tener una fuerte correlación con nuestra capacidad para hacer precisamente eso. En mi propia experiencia, me he dado cuenta de que cuando me centro y presto atención a mis sueños, estos se vuelven más vívidos y fáciles de recordar. Esto también parece resultar en un aumento del número de sueños que tengo por noche, que es una hipótesis que Sigmund Freud planteó a principios del siglo XIX.

Hay otros atributos que los estudios han demostrado que guardan relación con nuestra habilidad para recordar sueños de manera efectiva. Para empezar, aquellos a quienes se les da bien recordar sus sueños parecen tener una mayor habilidad para crear imágenes en su mente durante las horas conscientes. Las personas cuya habilidad para recordar eventos de su infancia es superior a la media, que sueñan despiertas con frecuencia y tienen interés por las artes visuales, también tienden a tener una capacidad para recordar sueños por encima de la media. De hecho, los individuos que son creativos y tienen habilidad para pensar en términos abstractos y teoréticos, tienden a tener mayores aptitudes para la magia onírica.

Estos factores han sido validados por estudios llevados a cabo por James Pagel, director del Rocky Mountain Sleep Disorders Center (Centro de Trastornos del Sueño de las Montañas Rocosas). Los estudios de Pagel demostraron que los individuos altamente creativos tenían una capacidad para recordar sueños que prácticamente duplicaba la de la población general; además, tenían considerablemente más sueños que afectaban de manera positiva a su creatividad en el día a día.[50] Puede que haya una razón biológica para esto. Andrea Rock explica que al menos uno de los científicos del sueño especula que la gente que se siente atraída por temas abstractos, como las artes y la ciencia teórica, tiende a tener el cerebro configurado para establecer conexiones que van más allá de la lógica y el razonamiento analítico.[51] Por fortuna, todos tenemos la habilidad de mejorar y expandir nuestra creatividad. Uno puede encontrar muchas actividades y ejercicios para lograrlo en internet o en libros.

Hay otros factores que también afectan a nuestra capacidad para recordar los sueños. Seguir una dieta saludable y exponerse lo suficiente a la luz solar puede aumentar nuestros niveles de serotonina, lo que puede hacer que nos resulte más sencillo recordar

---

50. Rock, Andrea (2005), p. 146.

51. *Ibid.*

los sueños. Los periodos en los que soñamos se alargan cuanto más dormimos. Cuantos más sueños tenemos, más probabilidades tenemos de recordar al menos uno de ellos. Lo que hacemos justo al despertarnos también puede tener un impacto en nuestra habilidad para recordar los sueños. Expertos del sueño han asegurado que olvidamos más del 50 % de nuestros sueños a los cinco minutos de despertar y el 90 % a los 10.[52]

La hora y manera en que nos despertamos puede influir tanto en el tipo de sueños que tenemos como en nuestra habilidad para recordarlos. Los sueños que tenemos por la mañana parecen más vibrantes que los que tenemos en fases anteriores del ciclo del sueño. Esto es particularmente cierto si dormimos más de lo habitual. Nuestro reloj interno parece saber cuándo nos acercamos a la hora en la que nos solemos despertar, y nuestro cerebro empieza a activarse. Cuando dormimos más de lo normal, nuestro reloj interno se activa mientras dormimos, resultando en sueños que son más largos, vívidos y detallados de lo habitual.

Si queremos obtener los mejores resultados posibles a la hora de recordar sueños, debemos ser conscientes de lo que hacemos al despertar. No es raro jugar al «tú la llevas» con la alarma o —en casos más admirables— saltar de la cama y empezar el día inmediatamente. Sin embargo, ambas rutinas entorpecen nuestra habilidad para recordar sueños. El psicólogo Hermann Rorschach, inventor del famoso test de las manchas de tinta, observó en sus estudios sobre sueños que «movimientos motores rápidos» nada más despertarse interfieren con la capacidad de recordar los sueños.

Mis propias experiencias, así como los consejos de investigadores profesionales del sueño, ilustran que lo mejor para recordar

---

52. Peisel, Thomas; Tuccillo, Dylan y Zeizel, Jared (2013), p. 72.

los sueños es permanecer quieto al despertar y simplemente tomar nota de lo que sea que recordemos. Puede que al principio no recuerdes sueños enteros, pero recordar fragmentos o imágenes puede ayudar a que con el tiempo ates los cabos de las historias. Cambiar lentamente de posición en la cama también puede a veces refrescar la memoria. Si tienes cierta flexibilidad en tu horario de sueño, puedes intentar poner una alarma a una hora temprana (por ejemplo, dos o tres de la mañana) para despertar durante un corto periodo de tiempo e intentar recordar tus sueños antes de volver a dormirte. Esto puede parecer un consejo extraño, pero, según los estudios, la interrupción del sueño puede ayudar a la hora de recordar sueños.

La siguiente meditación guiada es otra herramienta para mejorar la capacidad de recordar sueños. Sugiero hacer esta meditación regularmente antes de irse a dormir. Cuanto más la uses, más la asociará tu subconsciente con hallar el camino de vuelta a tus sueños. En mi caso, la imagen del hilo plateado en la meditación me ha resultado particularmente poderosa; normalmente, tengo un trozo de hilo plateado junto a mi cama o en mi altar de los sueños como una llave simbólica para activar la capacidad para recordar sueños cuando permanezco tumbada al abrir los ojos por la mañana.

La diosa galesa Arianrhod ha sido una aliada onírica comprensiva para mí. Su vínculo con el cielo nocturno y la rueca plateada la convierten en una aliada ideal para este trabajo. La rueca plateada de Arianrhod está asociada con el acto de hilar y tejer. Podemos imaginarnos, por lo tanto, a Arianrhod tejiendo nuestros sueños. Esto está en sintonía con su rol como iniciadora en *El Mabinogion*, donde los tabúes que impone a su hijo, Llew, lo inspiran a tomar las acciones necesarias para convertirse en un hombre. El símbolo del hilo plateado en esta meditación está relacionado con el talento que tiene Arianrhod para hilar y tejer con su rueca plateada. «Caer Sidi» es el término galés para la fortaleza o castillo en el que reside Arianrhod. La mitología galesa lo sitúa en el inframundo, pero dado el vínculo de Arianrhod con la Corona Boreal, a veces también se cree que reside en el cielo estrellado. Aunque ambos lugares son liminares, el cielo estrellado casa bien con el propósito de esta meditación.

Meditación guiada: viaje a Caer Sidi

Presta atención a tu respiración. Cuando estés preparado, imagina una puerta frente a ti. Fija en tu mente tu idea de visitar a Arianrhod para solicitar su ayuda en tu trabajo mágico. Cuando veas la puerta frente a ti y tengas esta idea en mente, atraviesa el umbral.

Es de noche, y te encuentras en la orilla del océano. Sientes el aire húmedo en tu piel y te sobresaltas un poco cuando el agua helada del océano muerde tus pies. Frente a ti hay un sendero estrecho que parece llevarte hasta una isla en mitad del océano. La marea está baja, y el camino está iluminado únicamente por la imponente luna llena y lo que parecen ser miles de estrellas centelleando en el cielo.

Toma una profunda bocanada de aire y empieza a recorrer el frío y rocoso camino. Aunque te lleva un tiempo, sorprendentemente la marea parece mantenerse baja y no tienes problemas para encontrar el camino. Te das cuenta de que aunque puedes distinguir el contorno de la isla, solo ves niebla, incluso a medida que te acercas a tu destino. Cuando finalmente pones un pie en la isla, la niebla se disipa y ves un castillo plateado y dorado con chapiteles que se alzan por encima de los árboles que los rodean. Piensas que necesitas tomarte un momento antes de acercarte al castillo, y te giras hacia el océano. De rodillas en la orilla al borde de la isla, juntas las manos para recoger un poco de agua del océano. Ves el reflejo del estrellado cielo nocturno ondeando en las tranquilas aguas. Armándote de valor, te echas el agua en la cara y te quedas sin habla cuando abres los ojos y ves que el cielo de la noche no se ve reflejado en el océano, sino que el océano se ha convertido en el cielo nocturno.

Te alejas asombrado y al darte la vuelta te encuentras a una mujer. Es alta y se mantiene erguida, y sostiene una lanza en una mano. Posee una belleza inusual pero etérea, y tiene el porte de una reina. Sabes al momento que se trata de Arianrhod. Hace un gesto para que la sigas hasta un claro.

«Soy Arianrhod, diosa de las estrellas, el tiempo y las mareas. Has viajado hasta mi reino aquí, en Caer Sidi. ¿Qué es lo que buscas?».

Expresas tu profundo respeto por Arianrhod y le hablas de tu deseo de trabajar con ella en el reino de tus sueños. Arianrhod guarda silencio por un momento y luego asiente. Entiendes que está dispuesta a ayudarte, y sientes que debes hacerle una ofrenda. Le ofreces un regalo en agradecimiento por su ayuda. Ella, por su parte, te entrega un símbolo que actuará como llave para ayudarte a regresar a su reino en el futuro. Tómate un momento para observar de cerca el símbolo que te ha dado.

Arianrhod te pregunta si tienes un objetivo concreto para los sueños de esta noche. Compartes con ella tus intenciones, y te indica que te coloques frente a dos grandes y plateados abedules. Arianrhod crea un precioso hilo plateado, luminoso. Hace señas para que extiendas la muñeca y observas cómo ata el hilo plateado en torno a tu muñeca como si fuese una pulsera. El hilo es tan ligero que no sientes más que una pequeña y placentera descarga de energía. Coloca el sobrante del hilo en una grieta en la base de uno de los árboles. «Cuando lleves este hilo, te ayudará a llevar un registro de los lugares que has visitado y lo que has visto», explica.

Te vuelves hacia el espacio entre los dos abedules y ves que este se ha llenado de resplandecientes hilos de energía dorados y plateados. Desde donde te encuentras, la energía parece desprender calor, resulta agradable, relajante y segura.

Arianrhod habla de nuevo. «Cada tarde, cuando estés preparado para comenzar tu trabajo mágico, entra en un estado de meditación y simplemente usa el símbolo que te he dado para hacer que el portal de los sueños aparezca frente a ti. Conforme lo hagas, el hilo plateado aparecerá en tu brazo. Cuando despiertes, solo tienes que usar el hilo para volver a la entrada junto a los abedules y quitártelo de la muñeca para colocarlo en la grieta que hay en la base del árbol. Estaré aquí para asistirte y responder a tus preguntas cuando sea el momento adecuado. Entonces podrás regresar por el camino por el que viniste a Caer Sidi y caminar a través del portal para volver a tu realidad mundana y consciente».

Das las gracias a Arianrhod una vez más por su ayuda. Si estás listo para entrar en el mundo de los sueños, sigues sus instrucciones y atraviesas el portal. Cuando quieras regresar al plano consciente, simplemente desanda el camino que te llevó hasta Caer Sidi y dirígete al portal que hay cerca del bosque. Presta atención nuevamente a tu respiración. Cuando estés preparado, abre tus ojos y toma nota de tus experiencias y tus sueños.

DIARIOS ONÍRICOS

Cuando la gente me pide consejos sobre cómo recordar sus sueños, normalmente les recomiendo que escriban un diario.

No es raro que pongan los ojos en blanco o me miren como diciendo: «¿En serio? ¿Eso es lo mejor que se te podía ocurrir?». Puede que no sea el consejo más glamuroso o divertido, pero hay una razón por la cual muchos investigadores del sueño a lo largo de la historia han sugerido tener un diario: porque funciona.

Incluso algunas de las personas más cínicas que me he encontrado han vuelto después a mí para admitir a regañadientes que escribir un diario aumentó de manera significativa su capacidad para recordar los sueños. Una compañera me dijo una vez que cuando su marido estaba preparándose para ser oficial de las boinas verdes de las fuerzas especiales, le ordenaron a él y a sus compañeros que escribieran un diario de sueños durante un mes. A pesar de creer que era un ejercicio ridículo de la nueva era, que era absurdo e indigno de él, hizo lo que se le pedía. Después de un mes, se deshizo de su diario y se negó a volver a hacer ese ejercicio jamás, no porque fuera inútil, como él había creído, sino porque empezó a recordar más sus sueños y a reconocer patrones, e incluso sueños proféticos, y aquello lo asustó.

Escribir un diario tiene muchos beneficios, siendo el más básico de todos que te ayuda a mejorar tu habilidad para recordar los sueños. Cuando mantienes un registro de tus sueños, empiezas a ver cosas que estos tienen en común y patrones. Quizá encuentres que ciertas acciones, símbolos o localizaciones aparecen en múltiples sueños. Detectar patrones puede ayudarte a reconocer cuándo estás dentro de un sueño, lo que puede llevarte a tener sueños lúcidos. Escribir un diario también puede ayudarte a separar los sueños normales de otros que, tal vez, sean únicos y posiblemente significativos. Como señala Corinne Boyer, nuestros sueños únicos tal vez «tengan el potencial de responder a las preguntas del buscador a través de símbolos, arquetipos, diseños y patrones que están en un lenguaje que solo el que sueña puede entender».[53]

Para lograr la máxima efectividad, ten tu diario de los sueños junto a tu cama para que puedas tomar nota fácilmente de cualquier fragmento del que te acuerdes cuando despiertas por la mañana o si te acuerdas de uno en mitad de la noche. Como he mencionado anteriormente, movernos mínimamente nada más despertarnos puede ayudarnos a refrescar nuestra memoria. Tener un diario en la mesita de noche minimiza los movimientos que debes hacer para poder plasmar tus sueños. Recomiendo tratar el diario de los sueños como si se tratase de uno de viaje. Después de todo, ¡estás viajando a otro plano cada vez que duermes!

Describe cada sueño o fragmento de sueño como si fueses un explorador adentrándote en terreno nuevo por primera vez. ¿Qué has visto? ¿Qué estaba haciendo la gente? ¿Ocurría algo fuera de lo normal? Cuantos más detalles incluyas en tu diario de los sueños, mejor. Los detalles pueden incluir, entre otros aspectos:

- Título del sueño. Ayuda ponerle un título de algún tipo al sueño, como si todo sueño fuera una historia única o una aventura. Tener un título para cada sueño puede ayudarte a encontrarlos con más facilidad y a recordarlos a medida que pase el tiempo.
- Fecha y hora del sueño (si sabes la hora).
- Fase lunar y astral.
- Cualquier cosa significativa que comiste o hiciste antes de irte a dormir. (Si pusiste en práctica una o más de las actividades previas al trabajo mágico descritas en el capítulo 3, toma nota de esto también).

---

53. Boyer, Corinne (2022), p. 51.

- Escribe palabras clave asociadas con tu sueño. Por ejemplo, si he soñado que consigo un trabajo nuevo, quizá use palabras como «trabajo», «carrera» y «promoción».

- Otros participantes. ¿Qué otras personas, animales o criaturas aparecían en tu sueño y qué propósito tenían? ¿Cómo fueron las interacciones? A veces las interacciones con otros participantes ponen el foco en nuestra relación con esos individuos en la vida consciente, mientras que otras veces las personas de nuestros sueños nos representan.

- Datos sensoriales. Utiliza todos tus sentidos cuando detalles tus sueños. ¿Qué viste? ¿Escuchaste algo? ¿Saboreaste u oliste algo en tus sueños? Aunque la mayoría de los sueños son visuales, estudios llevados a cabo en la década de 1890 revelaron que en más de la mitad de los sueños hay elementos sonoros, y en torno al 15 % apela a otros sentidos, como el tacto, el gusto y el olfato, aunque estos dos últimos son bastante inusuales.[54]

- ¿Qué sentiste física y emocionalmente? Lo último es muy importante, ya que normalmente nos despertamos sin un recuerdo concreto de nuestros sueños, pero con una fuerte respuesta emocional. He tenido sueños que me han provocado una gran tristeza o miedo, aunque al despertarme los detalles del sueño en sí se me escapaban. A veces simplemente tomar nota de las emociones con las que nos despertamos puede ayudarnos a recordar el tono o temática del sueño más adelante.

- Toma nota de cualquier patrón. Por ejemplo, yo suelo soñar con aeropuertos y viajes en avión. Si notas con el tiempo que ciertos patrones, imágenes o temáticas se repiten en tus travesías nocturnas, sabes que debes prestar mucha

---

54. Rock, Andrea (2005), p. 11.

atención, ya que estos patrones o temáticas normalmente representan un mensaje de tu subconsciente profundamente arraigado.

- Documenta cualquier hecho inusual o destacado de tus sueños. Si recuerdas sucesos notables, como lucidez, paseos oníricos, sueños intuitivos o contacto con fallecidos, asegúrate de tomar nota de esto en tu diario de los sueños.

Es importante valorar y tomar nota de cada sueño, incluso si parece inconsecuente y absurdo. Mientras que algunos sueños son difíciles de describir porque desafían las leyes del espacio-tiempo y otros parámetros de la realidad mundana, es importante tomar nota de ellos también aunque todo lo que puedas decir sobre ellos es que eran complejos o imposibles si nos basamos en los estándares de la realidad consciente. Se han hallado similitudes entre los tipos de sueños que tenemos, y esto puede ayudarte también a recordarlos. Por ejemplo, lo que hacemos estando despiertos puede influir enormemente en el contenido de los sueños, de modo que es más probable que las cosas en las que más nos centramos durante el día aparezcan en nuestros sueños por la noche.

Es más factible que los primeros sueños de la noche reflejen lo que sucede en nuestras vidas en el presente, mientras que los sueños más tardíos tienden a incluir más recuerdos del pasado.[55] No es inusual que nuestros sueños actúen como un catalizador para que prestemos atención a nuestras emociones y las procesemos, que puede ser el motivo de que muchas personas declaren tener sueños en los que sienten altos niveles de ansiedad. Sueños comunes de ansiedad:

---

55. *Ibid.*, p. 10.

- Presentarte a un examen para el que no te has preparado.
- Ir sin ropa al colegio o a una reunión.
- Que alguien o algo te persiga.
- Incapacidad para moverte con normalidad o controlar tus acciones.
- Humillación pública.
- Tener la necesidad de ir al baño en un espacio público o en una habitación cuya puerta del aseo no cierre.
- Perderte y tener la sensación de que algo malo está a punto de ocurrir.

Cuanto más tiempo escribas en el diario de los sueños, mejor capacidad tendrás no solo para recordar tus sueños, sino también para entender lo que están intentando decirte. He conocido a mucha gente que rechazaba tener un diario porque escribir les resultaba una ardua tarea o porque sentían que no tenían tiempo de tomar nota de todo. Aunque escribir puede ser la manera más detallada y común de llevar un registro de los sueños, sin duda no es la única. Si el tiempo es un problema o te preocupa que el acto de escribir interfiera con tu habilidad para recordar, puedes usar una grabadora de voz (la mayoría de los teléfonos tienen una) para documentar tus sueños.

Aquellos con preferencia por lo visual quizá elijan hacer un dibujo de sus sueños. Podrías crear una representación visual de algunas escenas de tus sueños o puedes simplemente dibujar símbolos que llamaron tu atención. Puedes incluso tomar nota de canciones específicas o crear la lista de canciones que sientes que mejor describe tu sueño. Lo más importante es escoger un medio con el que sientas que te puedes comprometer sin problemas a diario y que sea efectivo a la hora de reflejar todos los detalles que recuerdes. Te sugiero encarecidamente esperar al menos dos semanas antes de releer los sueños que has tenido, ya que considero que identificar patrones de sueño y tratar de interpretar los sueños se vuelve más sencillo cuantas más entradas tengas para trabajar.

MÉTODOS DE INTERPRETACIÓN DE SUEÑOS

Mientras que llevar un registro de los sueños es crucial, para sacar el máximo provecho de nuestros viajes nocturnos debemos tratar de entender lo que nuestros sueños —y, por lo tanto, nuestro subconsciente— están tratando de decirnos. Sigmund Freud creía que interpretar nuestros sueños era «el "camino real" para entender las actividades inconscientes de la mente».[56] La interpretación puede ser todo un desafío porque la mente subconsciente normalmente no se comunica de manera directa como la consciente, prefiriendo usar símbolos para comunicarse.

Suele haber contenido onírico semejante entre diferentes culturas, localizaciones y contextos, lo que tal vez explique cómo se confeccionaron los diccionarios de sueños, aunque se piensa que tuvieron su origen en la antigua Grecia. Sus diccionarios se creaban bajo la premisa de que todos los sueños consisten en símbolos y que los símbolos tienen significados universales. Es cierto que analizar símbolos comunes y arquetipos a través de las culturas puede ser una táctica útil para evaluar los sueños. Sin embargo, los diccionarios oníricos normalmente no funcionan para la mayoría de la gente, al menos no a nivel profundo. Para empezar, la historia nos demuestra que muchos símbolos tienen significados distintos según la cultura. Se dice que los búhos representan la sabiduría en muchas culturas, pero al estudiar el

---

56. *Ibid.*, p. 7.

feng shui nos damos cuenta de que la filosofía china también asocia los búhos con la prosperidad, mientras que los mitos de la cultura navajo indican que el búho era a veces visto como portador de malas noticias.[57]

Nuestro subconsciente tiene la llave de las verdades escondidas en las sombras de nuestra psique. Nuestros sueños pueden ser un mapa del tesoro que, si sabemos leerlo, nos guiará a las respuestas que buscamos. Si verdaderamente queremos entender lo que nuestro subconsciente está intentando decirnos en nuestros sueños, tenemos que aprender su idioma, y ese idioma es, en su mayoría, solo nuestro. Lo que representa una cosa para una persona puede simbolizar algo completamente distinto para otra.

Durante un taller, pedí a los asistentes que escribieran lo que una manzana simbolizaba para ellos. Luego les pedí que compartieran sus respuestas, y eran bastante diversas. Para algunos, la manzana representaba salud (como en «una manzana al día mantiene al médico en la lejanía»), mientras que para otros representaba el Edén bíblico o la isla mítica de Avalon en la que se dice que está enterrado el rey Arturo. Una mujer asociaba las manzanas con amor porque su hijo una vez plantó un manzano para ella a modo de regalo. Como indican los autores de *Sueños lúcidos: Una guía para dominar el arte de navegar por los sueños*, «dado que nuestros sueños son un tapete tejido con símbolos personales, arquetipos y detalles de nuestra vida consciente, parece justo decir que el mundo de los sueños es la verdadera encarnación de nuestra mente superior».[58]

Mientras que explorar arquetipos, mitos y símbolos generales puede a veces actuar de poste indicador y sugerir opciones, creo

57. Carey Jr, Harold (2015), «Owl and Woodpecker—A Navajo Tale», en Navajopeople.org, <https://navajopeople.org/blog/owl-and-woodpecker-a-navajo-tale/>.
58. Peisel, Thomas; Tuccillo, Dylan y Zeizel, Jared (2013), pp. 25-26.

que verdaderamente la única persona que puede descifrar el código de sus sueños es aquel que los tiene.

Creación de un diccionario onírico personal

Crear tu propio diccionario personal de los sueños puede ser una herramienta extremadamente poderosa para decodificar tus sueños. Este diccionario está pensado para ser un documento dinámico y en constante evolución que debe ser revisado y corregido de vez en cuando. Al igual que nuestras opiniones, gustos y mentalidades pueden cambiar a medida que nos hacemos mayores, también lo pueden hacer los significados que asociamos con símbolos específicos, imágenes o ideas. Por esta razón, sugiero revisar tu diccionario de los sueños una vez al año.

El mejor momento para crear un diccionario de los sueños es al comienzo de tu trabajo con la magia onírica. Puedes empezar simplemente por escribir en un diario o una libreta en blanco un número de palabras en común, elementos y símbolos, dejando espacio bajo cada entrada para tus interpretaciones. Quizá quieras ordenar estas palabras y símbolos por orden alfabético o frecuencia. En cada palabra, escribe lo primero que se te venga a la mente al leerla, sea eso un significado, una imagen o interpretaciones múltiples. Sea lo que sea que hagas, no lo sobrepienses, porque estamos lidiando con nuestro subconsciente y con frecuencia lo primero que se nos viene a la mente son las interpretaciones con las que más nos identificamos.

Después de empezar tu diccionario, si notas con el tiempo que ciertos símbolos o palabras aparecen con frecuencia en tus sueños, quizá quieras anotar información adicional, como qué carta, elemento o runa asocias con ese símbolo. Esto puede ser beneficioso a medida que llevas a cabo actividades detalladas más adelante y que están diseñadas para ayudarte a arrojar luz sobre el significado más profundo de tus sueños repetitivos. Algunas palabras comunes o símbolos para empezar tu diccionario onírico son los siguientes:

- Fenómenos naturales (por ejemplo, tornados, incendios forestales, terremotos)
- Parques de atracciones (y atracciones de estos)
- Manzana
- Electrodomésticos (por ejemplo, lavadoras, secadoras, frigoríficos, hornos)
- Cama
- Pájaro
- Manta
- Huesos
- Libros
- Gato
- Caldero o cáliz
- Aula
- Banquetes
- Comida
- Bosque
- Verde (el color)
- Gorro
- Vacaciones
- Hospital
- Casa
- Máscaras
- Montañas
- Cielo nocturno
- Océano
- Oficina
- Rojo (el color)
- Mecedora

- Espada
- Dientes
- Árboles
- Vehículos (por ejemplo, coches, barcos, trenes, aviones; cada uno tendrá un significado independiente)

Otras actividades para ayudarte a interpretar tus sueños

Adivinación: herramientas de adivinación como las cartas del tarot o del oráculo, las runas y los huesos pueden ayudarnos a explorar más a fondo el significado de nuestros sueños. Yo normalmente uso cartas del tarot y del oráculo cuando tengo dificultades para descifrar el código de un sueño en particular. A veces saco cartas de una baraja tradicional de tarot de un palo que asocio con la temática de mi sueño y busco una carta de ese palo con la que me sienta identificada. Otras veces, ojeo mis barajas del oráculo y de tarot buscando una imagen que de alguna manera esté relacionada con el sueño en cuestión.

Por ejemplo, una de mis barajas tiene una carta de tarot en la que aparece una montaña con una entrada oculta en la base. Quizá use esta carta para profundizar en la exploración de un sueño que tuve y que tenía que ver con una cueva. Entonces entraré en un estado de meditación y me imaginaré a mí misma entrando en la carta como si fuera un paisaje tangible. Explorar el paisaje y hablar con figuras de la carta por lo general me lleva a respuestas que de otro modo no hallaría. Lo mismo puede hacerse con otras herramientas de adivinación, como las runas; en vez de visualizar una imagen, quizá te visualices entrando en una estructura o atravesando una puerta compuesta por esa runa.

Si estás buscando una respuesta simple de «sí» o «no» para tu sueño, las varillas de radiestesia y los péndulos también pueden ser de ayuda.

Compartir sueños: a veces, simplemente hablar de tus sueños con otras personas puede poner a tu disposición información de valor incalculable, tanto por hablar del sueño en voz alta como por tener en cuenta nuevas perspectivas. Una manera de hacer esto es crear un círculo en el que tú y otras personas con ideas afines compartáis uno o más sueños que deseáis entender mejor. Cada participante tiene la oportunidad de compartir un sueño y está dispuesto a escuchar en silencio los de otros. En vez de compartir su propia interpretación del sueño, los participantes pueden hacer preguntas para ayudar a la otra persona a disipar la confusión agolpada en torno al sueño.

Escritura automática: la escritura automática ha sido extremadamente útil para mí cuando me he chocado contra un muro en mi interpretación de los sueños. Quizá esto es porque la escritura automática conecta directamente con el subconsciente. Cuando escribes de forma automática, puedes preguntar por un componente específico de tu sueño o simplemente pensar en el sueño y empezar a escribir. Para hacer esta actividad lo ideal es estar en un lugar tranquilo y haber meditado antes para estar más receptivo. Cuando quieras, simplemente empieza a escribir sin pensar o detenerte a mirar las palabras que estás poniendo sobre el papel. Si estás teniendo problemas para que te venga algo a la mente, intenta escribir con tu mano no dominante; esto a veces puede ayudarnos a conectar con los aspectos intuitivos y sin explorar del cerebro.

Cuanto más mejoremos nuestra capacidad para recordar sueños y establecer un diálogo con nuestro yo onírico, más efectivos seremos a la hora de hacer otros tipos de magia de los sueños, incluyendo tener sueños lúcidos e intuitivos, incluidos en los capítulos siguientes.

5

SUEÑOS INTUITIVOS

Según la autora Michelle Belanger, por lo general hay cuatro tipos de sueños: sueños de recuerdos (en los que procesamos información del pasado), sueños de resolución de problemas, sueños de historias (entretenimiento) y sueños telepáticos, que incluyen los paseos oníricos, comunicación con los fallecidos y sueños proféticos.[59] De los cuatro, los sueños telepáticos son con frecuencia los más confusos y perturbadores. Cuando tuve por primera vez el sueño sobre mi abuelo (al que hice referencia en la introducción), estaba confusa y asustada; confundida porque no entendía cómo mi abuelo era capaz de comunicarse conmigo si había muerto y no estaba ni siquiera segura de si lo que había soñado era real; y asustada porque tenía miedo de contar mi sueño por si no me creían o creían que tenía un problema. Dado que ya recibía atención más que suficiente por mi rara enfermedad, lo último que quería era darle a alguien otro motivo para calificarme de anormal.

Como muchos otros niños que han tenido y tienen este tipo de experiencias, hasta cierto punto intenté desconectar mi intuición para que mis sueños volvieran a la normalidad. En esas ocasiones

---

59. Belanger, Michelle (2006), *Psychic Dreamwalking: Explorations at the Edge of Self*, San Francisco, Red Wheel/Weiser, p. 5.

en las que los sueños telepáticos se colaban entre mis defensas, los ignoraba con cabezonería y me los guardaba para mí. A pesar de todos mis esfuerzos, continué teniendo sueños telepáticos de vez en cuando, pero rara vez los compartía con alguien. Finalmente, estando en la universidad soñé que había habido un incendio en un complejo de apartamentos, pero que por fortuna nadie había salido gravemente herido. Podía ver los apartamentos en detalle en mi sueño.

Al día siguiente, iba conduciendo a casa de mi novio cuando pasé por casualidad por un bloque de apartamentos que había sido parcialmente destruido por un incendio recientemente. ¡Ahogué un grito al darme cuenta de que el edificio tenía exactamente el mismo aspecto que el que había visto en sueños! Cuando llegué al apartamento de mi novio, le hablé de mi sueño y pusimos las noticias. En efecto, estaban realizando un reportaje sobre un incendio que se produjo la noche anterior en un edificio de apartamentos, incendio en el que, según aseguraron los reporteros, nadie sufrió heridas importantes. Mi novio, que estaba un poco más abierto a sucesos metafísicos que mis anteriores parejas, me miró a los ojos y me dijo que era hora de que dejara de correr de cualquiera que fuese la habilidad psíquica que tenía y empezara a aprender más sobre ella.

SUEÑOS PROFÉTICOS

Una de las cosas más confusas de los sueños proféticos es que puede ser difícil notar la diferencia entre un sueño premonitorio y un sueño en el que el subconsciente está simplemente reproduciendo recuerdos o eventos del día. La mejor manera de determinar cuál es cuál es llevar un registro detallado de tus sueños y notar peculiaridades o maneras en las que algunos sueños se distinguen de otros. Cuando descubres que algunos sueños han sido validados como premoniciones, puedes ojear tu diario y buscar patrones que se repiten solo, y principalmente, en los sueños que son premonitorios o adivinatorios por naturaleza. Me he dado cuenta de que mis sueños proféticos tienden a ser más vívidos y detallados que los ordinarios.

Cuando hablamos de la adivinación en círculos paganos o metafísicos, la atención se centra principalmente en fenómenos como cartas del tarot, predecir el futuro, tener visiones o, simplemente, tener una sensación sobre algo. Sin embargo, la adivinación onírica es parte de múltiples culturas y es uno de los métodos más antiguos de profecía. Como señala Caitlin Matthews, «soñar es el portal de clarividencia que todos compartimos».[60] Incluso psicólogos de renombre, como Freud y Jung, reconocieron que además de arrojar luz sobre nuestro subconsciente, los sueños también pueden ser premonitorios.

Las ruinas de los oráculos hallados en Grecia son testimonio de la creencia de los antiguos griegos en la capacidad premonitoria de los sueños. Quizá el ejemplo más famoso es el oráculo de Delfos. Los antiguos griegos creían que la pitia de Delfos podía no solo predecir el futuro usando los sueños, sino diagnosticar y tratar enfermedades.

Se considera que la práctica de los sueños proféticos y su incubación tiene su origen en una tradición de Asia Menor, como demuestran las ubicaciones de los oráculos de Mopsos, en Cicilia, y de Telmesos, en Caria.[61] Antiguos reyes sumerios

---

60. Matthews, Caitlin (2012), *Celtic Vision: Seership, Omens, and Dreams of the Otherworld*, Londres, Watkins Publishing, p. 37.

61. Burkert, Walter (1987), *Greek Religion: Archaic and Classical*, Cambridge, Harvard University Press, p. 115.

también parecían creer en el poder de la incubación de sueños y la profecía, ya que se sabe que dormían en la cima de sus templos con la esperanza de tener un sueño sagrado que les revelara las respuestas que estaban buscando.[62] Documentos de la antigua China de la dinastía Zhou también indican que la oniromancia —adivinación de sueños— era un método importante y usado habitualmente para predecir el futuro.

La adivinación por medio de sueños también prevalece en la mitología y en las prácticas celtas. Dos prácticas adivinatorias en particular están debidamente confirmadas en los registros escritos e historias de las tradiciones druidas irlandesas, «Tarbh Feis» e «Imbas Forosnai». El *Ciclo del Úlster* de la mitología irlandesa contiene una historia titulada «Togail Bruidne Dá Derga» o «La destrucción del hostal de Da Derga». En este cuento, el Tarbh Feis, o festín del toro, se celebraba como parte del ritual para determinar quién sería el próximo rey.

Se decía que se sacrificaba un toro blanco y que con su carne se preparaba un caldo. Se creía que comerse al toro ayudaría a inducir un sueño profundo.[63] Una vez acabado el festín, un vidente —probablemente un druida— se envolvería a sí mismo con la piel del toro.[64] Declarando que su intención era conocer quién debería ser el próximo rey, se retiraría a una cama hecha de madera de serbal, que mirara al norte y estuviera impregnada en ritual y magia, mientras otros druidas cantaban. Cuando el vidente despertaba, proclamaba a quién había visto en sueños, puesto que esa persona estaba destinada

---

62. Belanger, Michelle (2006), p. 26.

63. Ravenna, Morpheus (2015), *The Book of the Great Queen: The Many Faces of the Morrigan from Ancient Legends to Modern Devotions*, Richmond, Concrescent Press, p. 306.

64. Matthews, Caitlin (2012), p. 334.

a ser el próximo rey. Se decía que si el vidente mentía, moría.[65] Mientras que «La destrucción del hostal de Da Derga» hacía referencia específicamente al uso del Tarbh Feis para determinar quién debía ser rey, hay pruebas que indican que los druidas utilizaban este ritual para saber otro tipo de cosas, como predecir el resultado de una batalla futura.

Imbas Forosnai era otro tipo de ritual, aunque tiene similitudes con el Tarbh Feis. En irlandés antiguo, *imbas* significa «inspiración» y *forosnai*, «iluminar». Aparece en el conocido mito irlandés «Táin Bó Cúilange» y decía ser usado por la diosa Scáthach y la reconocida figura irlandesa Fionn mac Cumhaill.[66] En el Imbas Forosnai, el vidente masticaría un trozo crudo de carne animal, de cerdo, gato o perro, para luego poner el trozo masticado en una losa junto a la puerta de la habitación en la que se aislaría durante el resto del ritual.

El vidente recitaría encantamientos sobre el trozo de carne masticada antes de finalmente retirarse a dormir con la intención de tener un sueño profético. El sueño ritual podía tener lugar en un edificio designado para los ritos sagrados o en tumbas o túmulos. Otros druidas velaban al vidente y protegían el espacio ritual para asegurarse de que no fuese distraído. Aunque tradicionalmente se ha dicho que el vidente conseguiría tener un sueño profético al cabo de tres días y tres noches, otras fuentes dicen que tardaría hasta nueve días y nueve noches en recibir la profecía.[67]

En 2017, tuve la suerte de formar parte de un ritual adaptado muy parecido al Imbas Forosnai, y me quedé estupefacta con lo

65. O'Brien, Lora (2018), «Irish Pagan Magic—The "Tarbh Feis"», en Loraobrien.ie, ‹https://loraobrien.ie/irish-pagan-magic-tarbh-feis/›.

66. (2023), «Imbas Forosnai», en Oxfordreference.com, ‹https://www.oxfordreference.com/display/10.1093/acref/9780198609674.001.0001/acref-9780198609674–2760›.

67. Ravenna, Morpheus (2015), p. 307.

que experimenté. Un pequeño grupo de hermanas y yo visitamos Stony Littleton Long Barrow, una cámara funeraria neolítica construida en torno al año 3500 a. C. Después de tomarme cierto tiempo para adoptar una actitud meditativa, nos agachamos para entrar en la tumba y nos indicaron que nos tumbáramos en una de las cámaras que había en su interior. Esto fue bastante difícil para mí, puesto que tiendo a ser claustrofóbica y, como puedes imaginarte, el espacio era muy pequeño. El hecho de que también estaba muy oscuro no ayudó.

Perseveré porque una de las deidades con las que trabajo más de cerca me indicó claramente que este ritual era importante para mis objetivos espirituales y mi crecimiento. A pesar de mi miedo a las arañas y otros bichos que acechaban en la oscuridad, me acurruqué en una cámara a un lado de la tumba e intenté hallar una posición cómoda tumbada sobre la gravilla. Empezamos el ritual con cánticos hasta que nuestras voces se desvanecieron de manera colectiva. Con los ojos cerrados, intenté dejarme ir y despejar mi mente. Al cabo de unos minutos, empecé a ver claramente un paisaje a mi alrededor, como si mis ojos estuviesen abiertos.

Las imágenes y respuestas que me llegaron durante este ritual eran poderosas y emotivas, y lo mismo le ocurrió a las otras participantes. Era como si hubiese soñado despierta, y la información que recibí demostró ser siniestramente acertada y útil en los días y meses venideros. Curiosamente, cuando llegó la hora de acabar con el ritual, estaba tan cómoda que me resultó difícil abandonar la tumba. Aunque puede que no sea práctico recrear el Tarbh Feis y el Imbas Forosnai en detalle, mi experiencia en Stony Littleton Long Barrow me llevó a adaptar un ritual que utiliza elementos similares y que puede hacerse en la privacidad de tu propia casa: el «Ritual de la iluminación». Puede llevarse a cabo antes de irse a dormir por la noche o como parte de un periodo de sueño más corto.

El ritual es más efectivo cuando se hace en un espacio en el que tienes la certeza de que nadie te va a interrumpir. Aunque el Tarbh Feis se centra en comer carne para caer en un sueño profundo, en mi caso, comer carne o hacer una comida copiosa antes de hacer algo así puede, de hecho, interferir con la efectividad del ritual, pero cada persona es única; te recomiendo hacer lo que mejor funcione para ti. Este ritual no incluye masticar carne animal. Sin embargo, si tienes dificultades para concentrarte o relajar tu mente durante el ritual, podrías probar a meterte la punta de tu dedo pulgar en la boca hasta que toque tu paladar. Sugiero sellar los labios en torno al pulgar. Puede que parezca una sugerencia extraña, pero en realidad hace referencia al mito del gran vidente Fionn mac Cumhaill, quien se decía que tenía la capacidad de obtener sabiduría y pronosticar el futuro simplemente metiéndose el pulgar en la boca.

Ritual de la iluminación

1. Encuentra un espacio en el que no vayan a interrumpirte. Espacios pequeños, como armarios, pueden ser un buen lugar. Si tiendes a la claustrofobia o no tienes acceso a un lugar pequeño, una habitación normal servirá.

2. Lanza un círculo alrededor del espacio y protege la zona poniendo a tus aliados oníricos en guardia.

3. Céntrate mentalmente en el propósito de este ritual o dilo en voz alta. Si buscas respuestas específicas, di eso también.

4. Túmbate en una posición cómoda con una manta lastrada o varias mantas sobre ti. Esto ayuda a recrear la parte del ritual Tarbh Feis en la que el vidente se cubre con la piel del toro. Personalmente, creo que tener una manta lastrada (o múltiples mantas pesadas) encima de mí me ayuda a relajar y despejar mi mente, y a sentirme segura.

5. Canta o reproduce música, como tamborileo chamánico, para inducir el trance. Si estás reproduciendo música, prográmala para que se detenga automáticamente en cierto momento o, que es mejor, que se desvanezca gradualmente. Si cantas, asegúrate de parar en cierto punto.

6. Antes de que paren los cánticos o la música, o en el momento justo en que lo hacen, cierra los ojos. Te recomiendo encarecidamente usar una almohadilla para ojos con peso o un antifaz para dormir para garantizarte la más completa oscuridad, lo cual es un elemento clave en este ritual.

7. A medida que te centras en las respuestas que buscas, deja que tu cuerpo se relaje y presta atención a las imágenes que te vienen a la mente. (Si no sueles obtener información visual, puede que quieras centrarte también en cualquier sonido que escuches o sentimientos que vengan a ti). Déjate llevar por la información sin juzgarla. La analogía que me gusta usar es imaginar que soy la pasajera de un coche: no dirijo el coche, simplemente disfruto del paisaje.

8. Cuando estés listo, retira el antifaz o la almohadilla para los ojos y ábrelos. Puedes dejarte llevar por el sueño y despertarte por tu cuenta o, si buscas un ritual más corto, poner una alarma que te devuelva a la realidad mundana.

9. Abre cualquier círculo que hayas lanzado y retira la protección que hayas colocado.

10. Asegúrate de documentar tu experiencia.

PLANTAS ALIADAS

Las plantas pueden ser aliadas poderosas en el trabajo onírico. Hay muchas plantas que pueden cumplir la función de catalizadores de la magia onírica, y muchos mitos y creencias folclóricas que hacen referencia a la conexión entre las plantas y la magia de los sueños. Corinne Boyer, autora de *Dream Divination Plants in the Northern European Tradition* («Plantas para la interpretación de sueños según la tradición del norte de Europa»), hace referencia a las creencias folclóricas sobre el uso de plantas para inducir sueños proféticos, incluyendo sueños premonitorios generales. Entre dichas plantas se encuentran las siguientes: hierba funeraria (Inglaterra), espinas de zarzamora, manzanas bajo la almohada (Cornwall), hojas de hiedra (Islas Británicas e Irlanda), hiedra y acebo a la vez, muérdago (Irlanda), avena (Rusia), agujas de pino (Escocia), avellano, cedros rojos occidentales (nativos americanos de la Costa Oeste) y ramas de sauco.[68]

Algunas recetas requerían reunir las plantas y que los sueños ocurrieran a una hora determinada. En algunos casos, los números también eran importantes, como la necesidad de organizar las plantas en grupos de tres o nueve. Un ejemplo de ello es una tradición de Northumberland que recomendaba recoger hojas de acebo en un pañuelo de tres puntas un viernes por la tarde. Se ponían nueve hojas en el pañuelo, que luego se ataba haciendo nueve nudos, y se dejaba bajo la almohada para inducir los sueños premonitorios.[69]

No es ninguna sorpresa que muchas de estas creencias folclóricas se centraran en utilizar los sueños para obtener respuestas sobre la vida amorosa de la persona. Los ingredientes para estas recetas incluían semillas como el lino, el cáñamo y la acedera, ademas de hierbas como la caléndula, el ajenjo, el tomillo, la mejorana y el orégano.[70] Estas últimas se utilizaban para hacer una

---

68. Boyer, Corinne (2022), pp. 25, 26, 35-37, 39.

69. *Ibid.*, p. 34.

70. *Ibid.*, p. 26.

poción que permitiera soñar a una joven dama con su futuro marido. Una receta muy específica de *Dream Divination Plants in the Northern European Tradition* indica a una doncella que pele una cebolla roja el 21 de diciembre y le hinque nueve alfileres, ocho formando un círculo y el noveno en el centro.[71] El alfiler del centro representaría al hombre con el que la doncella deseaba casarse. Entonces ella recitaría un encantamiento de algún tipo y colocaría la cebolla bajo su almohada con la esperanza de que sus sueños le revelaran si el joven muchacho sería suyo.[72]

Quizá uno de los ingredientes más conocidos en la interpretación de los sueños en la antigua Grecia era el laurel, que muchos pensaban que ayudaba a tener sueños premonitorios. Las hojas de laurel, también conocido como laurel noble o dulce, eran famosas por ser usadas por la pitia del oráculo de Delfos para inducir la inspiración divina que traería consigo mensajes proféticos. En el siguiente ritual, las hojas de laurel son el ingrediente principal para invocar los sueños intuitivos. A veces, puede ser útil pedir información general en vez de hacer una pregunta específica; a veces, no sabemos lo que necesitamos saber. El ritual se centra en inducir un sueño que nos ayude a entender lo que nuestro subconsciente considera que es crucial que sepamos en este momento de nuestras vidas, pero puede adaptarse para hacer preguntas específicas.

Ritual de la hoja de laurel

Materiales necesarios

- Papel y bolígrafo
- Rotulador

---

71. *Ibid.*, pp. 36-37.
72. *Ibid.*

- Caldero (o un recipiente resistente al fuego)
- Hoja de laurel
- Encendedor o cerillas
- Vela blanca
- Símbolo de pitia (podría ser cualquier cosa que asocies con estas mujeres, como una estatua o imagen de una sacerdotisa, una rama de laurel o un cuenco de adivinación)
- Una bolsa pequeña, pañuelo o bolsa de tela

Instrucciones

1. Empieza por lanzar un círculo como harías normalmente. Colócate frente a la representación de la pitia y pide su ayuda en tu búsqueda onírica de respuestas intuitivas.

2. En el trozo de papel escribe tu pregunta. Para preguntas generales, normalmente escribo cosas como: «¿Qué es lo más importante que he de saber en este momento de mi vida?», «¿Qué me está frenando y cómo puedo superarlo?» o «¿Qué acción o acciones debería emprender ahora mismo para ser más feliz o alcanzar mi potencial?». Una vez que hayas escrito la pregunta, colócala en el caldero.

3. Utilizando el rotulador, dibuja un símbolo o sello en tu hoja de laurel que asocias con tu intuición, claridad o sabiduría. Por ejemplo, normalmente utilizo el símbolo de una llave, linterna (para buscar en la oscuridad), o un ojo. Tu símbolo debería ser fácil de recordar y tener una fuerte relación con la intuición y la búsqueda de respuestas. Prende la hoja de laurel con la llama de la vela y colócala en el caldero para que arda también el papel que hay en el interior.

4. Siéntate en silencio a medida que ves cómo la hoja de laurel y el papel se queman. Cuando el fuego se haya apagado y las cenizas estén frías al tacto, mételas en la bolsa. Coloca

la bolsa bajo tu almohada antes de irte a dormir. Por la mañana asegúrate de tomar nota de cualquier imagen, pistas o mensajes que hayan aparecido en tus sueños. (Nota: Si no tienes claro el significado de los mensajes o símbolos, a veces puede resultar útil recurrir a la adivinación por medio de agua, un cristal o un espejo para mayor claridad).

Beber una mezcla especial de té antes de irte a dormir (como el de la receta que viene a continuación) puede ayudarte a inducir sueños proféticos. La artemisa es conocida desde hace mucho por potenciar las habilidades psíquicas, especialmente en lo referente a los sueños. Se dice que las hojas de menta ayudan a que los sueños sean más vívidos y sea más probable que los recordemos. Los antiguos egipcios eran conocidos por utilizar flor de loto azul, una planta asociada con el dios del sol, Ra, que tiene propiedades psicoactivas. Se dice que el loto azul promueve sentimientos de tranquilidad y euforia, y es conocido por su tendencia a provocar sueños vívidos así como lúcidos. Finalmente, los pétalos de rosa te ayudan a relajarte y a dejarte llevar al mundo de los sueños.

He comprobado que este té es sutil pero efectivo. Recomiendo empezar con una dosis pequeña y aumentarla poco a poco hasta encontrar la dosis que funciona mejor para ti.

Receta del té de los sueños intuitivos

Nota: No uses este té si estás embarazada o si sospechas que eres alérgica a alguno de los ingredientes. Asimismo, la artemisa y el loto azul no deberían consumirse en grandes dosis. Asegúrate de que las hierbas que uses no han sido tratadas con químicos.

Ingredientes

- Una parte de hojas secas de artemisa
- Una parte de hojas secas o frescas de menta
- Una parte de hojas secas de loto azul
- ½ parte de pétalos de rosa secos

Deja reposar la mezcla durante unos cinco minutos en agua hirviendo. La artemisa puede ser amarga, así que quizá quieras añadir miel o azúcar para que sea más apetitoso.

6

SUEÑOS DEL INFRAMUNDO

De todos los sueños telepáticos que he tenido, un número considerable han sido sobre seres queridos fallecidos. Para lo que aquí nos concierne, de aquí en adelante me referiré a este tipo de magia onírica como «sueños del inframundo». El primer sueño telepático que recuerdo haber tenido es el que comenté en la introducción, ese en el que mi abuelo me visitaba justo después de morir. Cuando empecé a aprender más sobre la magia onírica y acepté mi propensión a tener sueños telepáticos, aumentaron las visitas de mis seres queridos fallecidos e incluso de mis ancestros. Pronto tuve más sueños sobre mi abuelo paterno y también sobre mi abuela paterna, una vez fallecida.

Mi abuela materna se convirtió en una presencia constante en mi sueños mientras mi abuelo materno vivía. De hecho, ella es la que me hizo saber, incluso antes de que mi abuelo fuese diagnosticado formalmente con cáncer, de que estaba enfermo y no le quedaba mucho tiempo en este mundo. En aquel momento, no me parecía que mi abuelo tuviese aspecto de estar enfermo. Mi abuela y abuelo maternos tenían una historia de amor legendaria y, de cierta manera, parecían estar conectados psíquicamente mientras ambos aún vivían. Cuando mi abuela murió, mi abuelo me contó que tenía sueños en los que ella aparecía, y que dichos sueños le traían consuelo y parecían muy reales.

No siempre tenía estos tipos de sueños inmediatamente después de la muerte de un ser querido; a veces llevaba tiempo, y otras veces el fallecido aparecía en mis sueños poco después de su muerte, pero no me hablaba hasta meses después. Este fue el caso cuando perdí inesperadamente a mi sobrina de dieciocho años, Anam. Estábamos muy unidas, así que no me sorprendí cuando apareció en mis sueños la noche después de su muerte. Lo que me sorprendió y me frustró fue que, aunque estaba ahí, no hablaba conmigo.

Estaba decepcionada tanto porque estábamos muy unidas como porque, mientras vivía, mantuvimos conversaciones sobre su fuerte intuición, sus sueños vívidos y otras habilidades extrasensoriales que poseía. Meses después, cuando había empezado a procesar mi dolor, empezó a mostrarse más participativa en sueños. A veces aparecía en su cuerpo de niña, y en otras aparentaba la edad que tenía al morir. Cada vez compartía más conmigo y me consolaba diciendo que le iba bien y que algún día yo entendería más.

También he tenido sueños de amigos que han fallecido, aunque en algunos casos no podían o no querían hablar conmigo; en vez de eso, me sonreían o me abrazaban. Mis sueños sobre fallecidos no se limitan a seres queridos humanos. Las mascotas han aparecido en mis sueños en múltiples ocasiones, y continúan haciéndolo. Una vez, un gato con el que estaba particularmente unida, me guió hasta otro animal que necesitaba un hogar.

Varios meses después de que mi gato, Topaz, muriera, pensé en tener otro pero no encontraba al adecuado. Tuve un sueño en el que Topaz me guiaba hasta una habitación en la que encontré a una gata parda algo mayor esperándome. Al día siguiente, buscando mascotas en una página web de Humane Society (protectora de animales), encontré a una gata mayor que tenía exactamente el mismo aspecto que la que vi en mi sueño la noche anterior.

Esta gata, Callie, tenía pocas probabilidades de ser adoptada debido a su edad. Además, había estado en una familia negligente y sospecho que fue víctima de abuso en cierto momento de su vida. La adopté y, le llevó un tiempo confiar en mí, acabamos formando un lazo fuerte. Nunca esperé que un sueño me llevara hasta mi nueva amiga de cuatro patas, pero creo que el amor que Callie y yo compartíamos nos ayudó a ambas a sanar.

RASGOS COMUNES DE VISITAS ONÍRICAS

He aprendido a dejar mis expectativas a un lado y estar abierta a lo que recibo. Habiendo hecho eso, me he dado cuenta de que las visitas de aquellos que he perdido son más frecuentes y, en muchos aspectos, más significativas. También he aprendido que nuestros seres queridos no siempre aparecen en los sueños inmediatamente después de morir por lo que creo que son varias razones. En algunos casos, parece que los fallecidos —humanos o animales— necesitan un tiempo para adaptarse a la vida después de la muerte antes de poder ponerse en contacto con los que han dejado atrás. Si albergaban sentimientos de vergüenza o arrepentimiento antes de su muerte, pueden tener cierta reticencia a ponerse en contacto con sus seres queridos.

A veces podemos ser responsables de la falta de conexión. Como hemos hablado en capítulos anteriores, ciertas sustancias, como el alcohol, las pastillas para dormir o la marihuana, pueden hacer que sea más difícil para nosotros estar receptivos a las visitas de nuestros seres queridos, o puede que dichas visitas ocurran pero estas sustancias obstaculicen nuestros recuerdos de estas. Nuestro propio temor a nuestras habilidades telepáticas pueden generar un bloqueo. Otra posibilidad es que no estemos verdaderamente preparados para interactuar con nuestros seres queridos.

Puede que aún estemos intentando aceptar su muerte, o quizás haya sentimientos no resueltos en lo que respecta a nuestra relación con esa persona.

Mi padre murió mientras estaba escribiendo este libro, y estaba decepcionada porque pasado un mes de su muerte, aún no me había visitado en sueños. Sin embargo, creo que esto pudo haber sido porque no había procesado mi dolor u otros sentimientos que me provocó su fallecimiento. En su lugar, había estado centrada en ayudar a mi familia a lidiar con las consecuencias de su muerte. Sí que sentía su presencia a mi alrededor, así que aprendí a ser paciente. Una noche, hablando con mi marido, lamenté no haber podido pasar una Navidad más con mi padre.

Poco antes de acabar este libro, soñé que mi familia inmediata y extensa se reunía en una casa en la que había un gran árbol de Navidad resplandeciente y una cantidad casi ridícula de comida y regalos. Estábamos todos riendo y pasándolo bien, cuando nos dimos cuenta de que había empezado a nevar suavemente. Era como si estuviésemos pasando unas vacaciones de ensueño. En cierto punto, vi que mi padre estaba junto al árbol de Navidad. Parecía más joven, sano y feliz. Me acerqué a él y le di las gracias por darme esta última Navidad con él en sueños. Me sonrió y me dijo: «Gracias a ti. Te quiero, pequeña». Esta visita significó mucho para mí y reforzó aún más mi fe en la habilidad de los fallecidos para visitarnos en sueños.

Uno de los mayores desafíos a los que te puedes enfrentar cuando practiques este tipo de magia onírica es diferenciar entre un sueño «normal» y una verdadera visita. Esta es otra área en la que tomar nota de tus sueños y darse cuenta de ciertos detalles puede ser útil. En mi experiencia personal, en los sueños en los que recibo la visita de un fallecido, lo que ocurre de fondo es marcadamente distinto: normalmente está borroso, mientras que la interacción entre la persona fallecida y yo es muy vívida y clara. Es como si todo, excepto nuestra interacción, fuese ruido blanco o el escenario de una función.

En algunos casos, hay una diferencia notoria entre la interacción con el fallecido y la interacción con otras personas del sueño. Por ejemplo, en los sueños en los que aparece mi sobrina, no es raro que mis conversaciones estén marcadas por una agudeza y energía distintivas; todo está claro. Cuando se dirige a otros en el sueño, los efectos visuales son más tenues y borrosos, y es difícil saber lo que dicen. La otra cualidad única que he notado durante las visitas de Anam es que, aunque está claro en mis interacciones con ella que ambas sabemos que ha muerto, otros en el sueño no lo saben. Recomiendo tomar notas de este tipo de detalles en tu diario.

SUEÑOS DEL INFRAMUNDO A LO LARGO DE LA HISTORIA

Hay bastantes pruebas que indican que nuestros ancestros trataron de alcanzar el mundo de los muertos a través de sus sueños. Corinne Boyer declara que «hace mucho que soñar se considera un portal al mundo de los espíritus…».[73] Se han documentado muchos casos a lo largo de la historia de personas de diversas culturas que han soñado con muertos y personas que han dormido en tumbas, o cerca de ellas, para acceder a la sabiduría de los fallecidos. Dichos casos se dieron a lo largo de la antigua Galia e Irlanda, donde se creía que una persona podía visitar el plano liminar en sueños y traer consigo sabiduría de un valor incalculable, ya fuesen predicciones u otro tipo de información significativa. Las culturas de los antiguos egipcios trabajaban con

---

73. Boyer, Corinne (2022), pp. 15-16.

Anubis, dios de los muertos, con fines adivinatorios. De hecho, muchas deidades, que son a su vez psicopompos, están vinculadas a la magia onírica.

Los estudios apoyan la idea de que los sueños del inframundo forman parte de múltiples culturas. Según el investigador Kai Chang-Yu, «el 46 % de los participantes estadounidenses han visto en sueños a una persona ya fallecida con aspecto de estar aún viva, y lo mismo le ocurre al 38,4 % de los participantes canadienses, el 51,4 de los chinos, el 45 de los alemanes, y el 57,4 de los japoneses en el mismo estudio llevado a cabo en distintos países».[74]

El folclore del norte de Europa relacionado con las plantas hace referencia al uso de varias de ellas como aliados para incitar las visitas oníricas de fallecidos. Estas plantas incluyen, entre otras, raíces de las margaritas inglesas, tomillo, romero y ajenjo.[75] A pesar de toda la investigación y el folclore que sugieren la existencia de sueños del inframundo, para algunos puede resultar imposible o difícil aceptar que puede ocurrir de verdad. Desde un punto de vista práctico, sin embargo, los sueños son el vehículo perfecto para establecer contacto con los que ya no están.

CÓMO FUNCIONAN LOS SUEÑOS DEL INFRAMUNDO

Al contrario que el mundo consciente, el mundo de los sueños ofrece infinidad de posibilidades. Nuestros sueños no están

---

74. Kai-Ching Yu, Calvin, «Imperial Dreams and Oneiromancy in Ancient China— We Share Similar Dream Motifs with Our Ancestors Living Two Millenia Ago», *Dreaming Journal of the International Association for the Study of Dreams*, 32, n.º 4 (marzo de 2022), p. 364.

75. Boyer, Corinne (2022), pp. 27, 46.

limitados por los parámetros de nuestro plano mundano. Las leyes del espacio-tiempo no se aplican a ellos. Mucha gente con la que he hablado ha tenido sueños que son difíciles, si no imposibles, de describir porque no siguen la lógica de nuestra existencia consciente. He tenido sueños en los que parecía que estaba experimentando cosas desde el punto de vista de dos personas.

Los sueños nos permiten viajar con facilidad a través del pasado, presente y futuro. Las localizaciones pueden evolucionar y cambiar en un instante, y hazañas que no son posibles en nuestra realidad consciente —como el acto de volar— pueden lograrse en sueños. Todo esto hace que los sueños sean el laboratorio o patio de recreo perfecto para que experimentemos y pongamos en práctica nuestra creatividad. Si podemos levitar, poseer superpoderes y conocer a criaturas fantásticas en nuestros sueños, nuestros sueños deberían poder actuar como un portal para contactar con los seres queridos que han pasado al otro lado.

Las actividades del resto de este capítulo te darán las herramientas necesarias para ayudarte con los sueños del inframundo. En general, te recomiendo encarecidamente ser paciente contigo y dejar a un lado expectativas preconcebidas sobre lo que experimentarás. Aprender a comunicarte con el fallecido puede llevar un tiempo, y normalmente la experiencia no es lo que imaginamos que sería. En algunos casos, los fallecidos pueden no estar listos para comunicarse con nosotros, así que debemos estar dispuestos a aceptarlo y ser pacientes con ellos. Dado que nuestro subconsciente, con la idea de protegernos, puede bloquear nuestra conexión con el fallecido, puede ser muy útil realizar trabajo de sombras para identificar y resolver problemas, traumas y miedos antes de intentar comunicarnos con ellos.

Como con muchas prácticas mágicas, sugiero lanzar un círculo y hacer hechizos de protección antes de intentar invocar sueños del inframundo, al menos hasta que seas más competente o tengas la certeza de estar comunicándote con las almas de aquellos que tienen solo la mejor de las intenciones. Es probable que los seres queridos con los que teníamos una buena relación en vida, sean igual de cariñosos y protectores en el más allá. Con aquellos con los que tenemos dudas o con los que quizá mantuvimos relaciones difíciles, es mejor ir a lo seguro hasta que sepamos mejor el estado emocional y espiritual en el que se encuentran. En mi experiencia, los individuos que estaban enfadados o tendían a hacer daño en vida, no cambian necesariamente al instante solo por haber muerto. Además, si estás intentando ponerte en contacto con un ancestro que nunca has conocido y sobre el que sabes muy poco, tiene sentido levantar una barrera protectora para todos los involucrados hasta conocerlo mejor.

Antes de realizar las siguientes actividades, piensa en el motivo por el cual estás tratando de ponerte en contacto con esa persona: ¿tienes alguna pregunta específica o simplemente quieres estar en su compañía durante un tiempo? ¿Hay asuntos sin resolver a los que te gustaría dar cierre? ¿Buscas sabiduría para ayudarte en tu día a día? Tener el propósito en mente aumenta las probabilidades de que tu visita tenga éxito. Por razones éticas, no recomiendo contactar con espíritus por cuestiones triviales, al igual que no deberías tratar de traer a un ser querido fallecido a tus sueños cada noche o con frecuencia. Ten en cuenta que estás invitando al fallecido a entrar en tus sueños, no obligándolos o presionándolos para que lo hagan. Incluso aquellos que han pasado al mundo de los espíritus deberían tener cierta libertad.

ALTARES DE ESPÍRITUS O ANCESTROS

Muchas culturas honran a los muertos creando un altar para los seres queridos que han fallecido, sean estos familiares, ancestros, amigos o, incluso, mascotas. La veneración de los ancestros es especialmente común en algunas tradiciones asiáticas, africanas y mexicanas. Muchos consideran que el término «ancestros» hace referencia a las generaciones pasadas de nuestra familia biológica. Esta es sin duda una categoría, y puede ser una experiencia gratificante conectar con aquellos que te han precedido, sobre todo si no sabes mucho sobre ellos o sus vidas. Contactar con estos ancestros también puede ayudarte a entender y a sanar traumas cuyo origen es difícil identificar. El estudio de la epigenética se centra en la memoria celular que algunos científicos creen que se transmite a través del ADN, lo que ha arrojado luz sobre cómo el trauma y los miedos pueden transmitirse de generación en generación.

Los estudios han demostrado que los recuerdos asociados con el miedo pueden transmitirse durante dos o más generaciones. En investigaciones hechas con ratones, los científicos descubrieron que los sujetos que descendían de ratones que habían sido expuestos al aroma de la acetona mientras recibían leves descargas eléctricas, mostraban señales de temor incluso cuando ellos no habían sufrido experiencias traumáticas y no habían estado expuestos previamente al olor.[76] La BBC informa de que los estudios han demostrado que «tanto las guerras como las hambrunas y los genocidios, al parecer, dejan una marca epigenética en los descendientes de aquellos que los han

---

76. Callaway, Ewen (2013), «Fearful Memories Passed Down to Mouse Descendants», en Scientificamerican.com, <https://www.scientificamerican.com/article/fearful-memories-passed-down/>. Publicado originalmente en *Nature*.

sufrido».[77] La magia de los sueños del inframundo puede ayudarnos a rellenar los huecos de lo que pueden parecer miedos irracionales y puede promover la sanación de maneras que los métodos tradicionales no pueden.

Sin embargo, la categoría de los ancestros es más amplia de lo que imaginas. Si te adoptaron, tus ancestros pueden incluir aquellos de tu familia adoptiva. Los ancestros también pueden hacer referencia a pioneros de un campo en el que estás trabajando o inmerso. Alguien que trabaja en el campo de la psicología quizá quiera contactar con famosos psicólogos como Carl Jung o Sigmund Freud. Dependiendo de sus creencias espirituales, los individuos que siguen el camino del paganismo a lo mejor anhelen contactar con iconos fallecidos, como Victor Anderson, de la tradición Feri, o Gerald Gardner, de la Wicca.

Establecer y mantener un altar para los fallecidos puede potenciar tus habilidades de médium onírico. Para empezar, te ayuda a centrarte en aquello sobre lo que quieres soñar y, como se explica en capítulos anteriores, aquello en lo que te centras es lo que probablemente moldee tus sueños. Establecer e interaccionar con este tipo de altar te ayuda a construir o a mantener una relación con individuos en el plano espiritual de forma similar a como lo hacemos en el mundo de los vivos. Cuanto más interaccionas con otras personas, mejor te puedes comunicar y más fuertes son los lazos que los unen. Limpiando con frecuencia el altar y haciendo simples ofrendas, continuas ganándote el respeto de aquellos a los que estás venerando.

Un altar de espíritus o ancestros puede ser tan simple o elaborado como quieras. La mayoría de ellos incluyen fotografías de

---

77. Henriques, Martha (2019), «Can the Legacy and Trauma be Passed Down the Generations?», en Bbc.com, <https://www.bbc.com/future/article/20190326-what-is-epigenetics>.

ancestros o seres queridos, así como objetos que pudieron tener algún significado para dichas personas. Además de fotografías, en mi altar hay un reloj que pertenecía a mi abuela y una figura de un búho que representa el amor de mi sobrina por ellos. He oído decir a múltiples médiums que no es recomendable poner imágenes de vivos en el altar de ancestros o espíritus, o cerca de este, ya que algunas culturas creen que los muertos estarán tentados a servirse de su fuerza vital o interferir con los vivos. Yo personalmente no estoy de acuerdo con esta creencia porque no es parte de mi cultura, aunque respeto y entiendo que está fuertemente arraigada en otras. Antes de construir tu altar, es recomendable aprender acerca de las creencias de tu propia cultura en lo que respecta a los fallecidos y la veneración de estos.

Objetos comunes colocados en altares de espíritus o ancestros incluyen, entre otros, los siguientes:

- Fotografías de los fallecidos.
- Un vaso de agua (reemplazado a diario).
- Comida u otros objetos que les gustaban a los fallecidos, como chocolate, vino o cigarros.
- Objetos que pertenecieron a los fallecidos, por ejemplo, joyas, un pañuelo o, en caso de una mascota, un collar.
- Una vela (yo, personalmente, prefiero usar una vela blanca).
- Algo que represente las aficiones del fallecido, como un huso para alguien a quien le gustaba tejer o hilar algodón.
- Para ancestros relacionados con industrias o tradiciones específicas, quizá incluyas una representación de una industria en particular o un campo. Podría ser un símbolo espiritual o un objeto, como un caldero para ancestros espirituales o un martillo u otra herramienta para ancestros ligados a la carpintería, por ejemplo.

Sentarte frente a tu altar de espíritus o ancestros cada día y hablar con tus seres queridos puede crear una conexión que puede trasladarse a tus sueños. Si tienes una pregunta o varias concretas, puede que quieras escribirlas y colocarlas en tu altar. Para obtener mejores resultados, deja que se recarguen ahí durante unos días antes de intentar establecer una conexión a través de los sueños. A veces puede que los fallecidos nos visiten en sueños, pero que tengamos dificultades para reconocerlos o que no parezcan ellos mismos. Este colgante tiene en cuenta la posibilidad para que no solo nos visiten aquellos con los que queremos contactar, sino para que sepamos cómo reconocerlos cuando aparezcan. Es más efectivo si se hace durante la fase menguante de la luna.

Amuleto para ponerse en contacto con los fallecidos

Materiales necesarios

- Tierra de cementerio (lo ideal es que sea del cementerio en el que descansa tu ser querido, pero no es necesario para que sea efectivo)
- Una pizca de canela
- Media o una cucharadita de artemisa
- Un trozo pequeño de madera a la deriva o virutas de madera. (También se puede usar el tejo, pero es venenoso y puede ser difícil de encontrar en ciertas áreas. Si utilizas madera de tejo, te recomiendo encarecidamente investigar primero y comprársela a un vendedor fiable, en vez de recolectarla por tu cuenta, a menos que tengas muchos conocimientos de herbalismo)
- Aceite esencial de incienso o un trozo pequeño de resina de incienso
- Una bolsa pequeña negra o un trapo

Nota: Estos materiales crean un colgante general multiusos para contactar con los fallecidos. Si deseas que el colgante sea un vínculo directo con un ser querido, incluye algo personal de esa persona: un pedazo de pelo, el perfume que usaba con frecuencia, una comida que le gustaba, una copia de su caligrafía o, como poco, su nombre escrito en un pequeño trozo de papel.

Instrucciones

1. Lanza un círculo y protege tu espacio como harías normalmente.

2. Siéntate frente a tu altar de ancestros/espíritus o en otro lugar cómodo en el que sepas que no te van a distraer. Abre tu bolsa o trozo de tela y coloca los ingredientes dentro. A medida que colocas cada ingrediente en el colgante, recita lo siguiente mientras te concentras en tu propósito:

Espíritus y ancestros (o el nombre de una persona o mascota específica), yo vengo a ti.
Con honor y respeto,
te invito a mis sueños
para conversar, consolar y reflexionar.
Que esta tierra de cementerio actúe de vínculo con tu plano.
Que este incienso nos envuelva en un abrazo dulce y sanador.
Que esta artemisa me ayude a estar receptivo y alerta.
para que pueda reconocer tu presencia en mi duermevela, si no tu rostro.
Con esta madera a la deriva (o tejo) creo un espacio liminar para que lo compartamos,
con esta canela invoco protección, elevo mis vibraciones y potencio mi intuición,
para que mi petición dé sus frutos
te has ido pero no has sido olvidado,

vives en mi corazón y en mi mente.
Con este colgante, establecemos un puente entre el inframundo
y el mundo de los sueños.
Aunque solo sea por una noche, entrelazados.

3. Cuando se han añadido todos los ingredientes y has recitado el hechizo, cierra la bolsa o trozo de tela y colócala en tu altar de los sueños o ancestros. Cuando desees comunicarte con los fallecidos en sueños, sujétala en tus manos mientras te centras en tu propósito poco después de meterte en la cama, y colócala bajo tu almohada durante la noche.

Receta de incienso de sueños del inframundo

He usado esta mezcla de incienso al realizar las actividades explicadas en este capítulo, así como antes de irme a dormir cuando practicaba con los sueños del inframundo. Para obtener mejores resultados, hazlo durante la luna en cuarto menguante.

Materiales e ingredientes
- Recipiente de cristal
- Trozo de azabache
- Una parte de pachulí
- Una parte de tomillo
- Una pizca de canela
- ½ parte de enebro u hojas de cedro
- Una pizca o dos de tierra de cementerio
- Aceite de pachulí
- Aceite de tomillo

Instrucciones

1. En un mortero o bol de cristal, mezcla los ingredientes secos (excepto el azabache).
2. Añade 4 o 5 gotas de aceite de pachulí y 2 o 3 de gotas de aceite de tomillo. Quizá quieras añadir más si prefieres un olor más fuerte.
3. Una vez que los ingredientes están bien mezclados, transfiérelos a tu recipiente de cristal.
4. Ponle la tapa al recipiente y agítalo 4 o 5 veces.
5. Añade el azabache al recipiente después de agitar bien el incienso.
6. Para usar el incienso, colócalo en un disco de carbón dentro de un caldero resistente al fuego, bol o quemador de incienso diseñado para incienso suelto.

Meditación guiada: viaje al inframundo

Esta meditación es un viaje al inframundo para invitar a tu ser querido fallecido o ancestro a tus sueños. En esta meditación viajarás a la ciudad griega de Eleusis, donde hay una cueva que se dice es la morada de Hades, dios del inframundo. Según los mitos, la cueva era el portal que la diosa griega Perséfone usaba para viajar al inframundo. Si alguna vez tienes la oportunidad de visitar Atenas, te recomiendo encarecidamente hacer una excursión a esta ciudad, ya que no está muy lejos. Mientras que otras ruinas griegas restringen la distancia a la que te puedes poner de los artefactos, en Eleusis puedes incluso tocar algunas de las ruinas.

Esta meditación puede hacerse antes de dormir o a una hora más temprana. Recomiendo lanzar un círculo y hechizos de protección antes de hacer la meditación. Si no has trabajado antes con los sueños del inframundo o actividades relacionadas, sugiero invitar a un ancestro o a un ser querido a quien conoces bien y con quien te sientes a gusto para tu primera vez.

Presta atención a tu respiración. Una vez que estás preparado, ves una puerta negra frente a ti. Aunque parece ser sólida al principio, la puerta empieza a adoptar la forma de un vórtice circular. Te adentras en el vórtice y te encuentras en una playa recóndita al atardecer. Las olas son de un azul deslumbrante y, aunque el sol empieza a desvanecerse, aún hace calor.

Ves unos escalones tallados en la pared de piedra del acantilado que hay frente a ti y los subes con facilidad. Cuando alcanzas la cima, ves un paisaje árido frente a ti. Lo atraviesas hasta llegar a una cueva. Justo enfrente de la cueva hay un foso para ofrendas. Dejas una y te giras para colocarte frente a la cueva.

Agachándote, te adentras en la oscuridad absoluta hasta que eres capaz de ponerte en pie. Hay antorchas en las paredes de la cueva y desciendes por un camino hasta que llegas a un río subterráneo. Junto al río hay un hombre que viste una capa negra. Su rostro está cubierto por una capucha negra y hay un manojo de llaves atado a una cuerda en torno a su cintura. Sujeta una vara de madera en su mano izquierda. Extiende su mano derecha y agarras de manera instintiva una moneda de plata de tu propia capa y se la entregas.

Hay una pequeña barca negra en la orilla del río y te indica que tomes asiento. Lo haces y el hombre se une a ti en la barca, alejándola de la orilla. A medida que te deslizas con suavidad río abajo, ves lo que parecen ser espíritus perdidos moviéndose por otras partes de la cueva. Al poco tiempo, tu guía se detiene a un lado desierto de la orilla frente a dos grandes puertas ornamentadas. Tu guía señala las puertas y tú te bajas de la barca y te diriges a ellas. Cuando alcanzas las puertas, te preparas para tocar, pero se abren solas.

Te encuentras al comienzo de un sendero alfombrado. A ambos lados del camino hay arroyos que bordean el muro. El camino está flanqueado por antorchas y al final del camino hay dos individuos sentados en tronos. Una de estas figuras es un hombre con una gran barba, de pelo negro largo y ojos de un vibrante color ámbar. Sentado junto a él hay una bella mujer con ojos verde esmeralda y pelo largo rubio cobrizo. El hombre se levanta de su trono y empieza a hablar, aunque sorprendentemente su voz es suave y dulce en contraste con su apariencia. Se presenta como el dios Hades y te pregunta por qué has venido.

Le explicas a Hades con quién quieres hablar. Le cuentas lo que has dejado fuera de la cueva a modo de ofrenda. Escucha atentamente y le hace un gesto con la cabeza a la mujer que hay a su lado. Ella sonríe y abandona la habitación. Hades se dirige de nuevo a ti y te dice que tu petición ha sido concedida. Antes de que puedas darle las gracias, él coloca una mano a cada lado de tu cabeza y tu mundo se vuelve oscuro.

En un instante, te encuentras en un bonito jardín. Hay una brisa suave y te das cuenta de que entre la exuberante flora hay un granado, cargado con fruta. Las flores a tu alrededor son de los colores más vibrantes que has visto jamás, y algunas incluso parecen estar hechas de oro. Ves a lo lejos frente a ti al ser querido o ancestro al que querías visitar junto a la mujer que estaba sentada con Hades, y que sabes que es Perséfone. Hades te deja saber que alguien vendrá a por ti cuando tú y tu invitado estéis listos para iros. Das las gracias a Hades y te diriges al fallecido.

Tú y tu invitado encontráis un lugar para sentaros y te tomas un momento para darle las gracias por venir. Si es apropiado, puedes hacerle una ofrenda que tuviese algún significado para él en vida. Tu invitado sonríe y te pregunta por qué lo has llamado. Respetuosamente le pides que te visite en sueños y le explicas por qué quieres conversar con él. Si hay un detalle específico que te alertará de la presencia de tu invitado en tu sueño, este te lo hace saber ahora.

Cuando terminéis de hablar, notas por el rabillo del ojo que Hades y Perséfone han vuelto. Das las gracias a tu invitado y Hades te dice que es hora de regresar. Después de decir adiós, Perséfone se gira y se aleja con el fallecido, y tú acompañas a Hades hasta la puerta. La puerta es negra y empieza a cambiar, al igual que lo hizo al principio de la meditación. Das las gracias una vez más a Hades y te adentras en el vórtice de la puerta, volviendo al aquí y ahora. Respira hondo varias veces y, cuando estés listo, abre los ojos.

7

PESADILLAS

Los sueños pueden ser toda una aventura, pueden ayudarnos a acceder a sabiduría, permitirnos conversar con seres queridos que ya no están con nosotros, y también explorar lo que el mundo podría ser sin las limitaciones del espacio-tiempo. Los sueños muchas veces pueden ser terroríficos. Todos tenemos pesadillas en algún momento de nuestra vida, y, aunque algunas pueden resultar estremecedoras, para la mayoría estas no ocurren con frecuencia. Para quienes tienen pesadillas constantes y recurrentes, la idea de ir a dormir puede provocar ansiedad.

POR QUÉ TENEMOS PESADILLAS

Hasta un 10% de los adultos han declarado tener pesadillas al menos una vez al mes y a veces más.[78] Aquellos que han experimentado un trauma importante parecen ser más susceptibles a que estas sean recurrentes. Según el Instituto Nacional de Salud (NIH, por sus siglas en inglés): «Hasta el 71% de las víctimas de trauma diagnosticadas con TEPT[79] tienen pesadillas con

---

78. Peisel, Thomas; Tuccillo, Dylan y Zeizel, Jared (2013), p. 183.
79. Sigla que corresponde a «trastorno de estrés postraumático».

frecuencia, en comparación con tan solo entre el 2 y 5 % de la población general».[80] Las pesadillas pueden tener un efecto negativo significativo en nuestras emociones, actitudes y mentalidad. Aun así, si estamos dispuestos a ser valientes y a estudiar más de cerca estos sueños indeseables, pueden proveernos información muy útil relacionada con nuestra propia psique y con nuestro desarrollo psicológico.

Si consideramos que los sueños son mensajes de nuestro subconsciente, no es ninguna locura creer que las pesadillas también pueden darnos información útil. Normalmente, nos obligan a fijarnos en nuestras propias sombras, fruto del trauma y la adversidad. Nuestro instinto puede ser ignorar o tratar de olvidar sueños que de alguna manera nos traen recuerdos dolorosos, pero a veces nuestro subconsciente dirige nuestra atención hacia estos temas porque son la clave para romper con patrones dañinos a los que hay que hacer frente antes de poder sanar en profundidad.

Las pesadillas podrían interpretarse como catalizadores para el crecimiento personal, pero nuestro instinto natural es evitar aquello que nos asusta o no queremos ver. Por desgracia, esa respuesta instintiva tiende a fortalecer las pesadillas y hacerlas más frecuentes. Esto es cierto en general para las cosas que intentamos evitar. En un retiro avaloniano hace varios años, participé en viajes en los que nos adentrábamos en nuestro interior para sumergirnos en la energía de cada símbolo. El viaje estaba diseñado para ayudarnos a entender mejor los símbolos y así pudiésemos usarlos como herramientas para nuestro propio crecimiento personal y sanación.

---

80. Beaulieu-Prevost, Dominic; Belleville, Genevieve; Gray, Stephane; Levrier, Katia y Marchand, Andre, «Nightmare Frequency, Nightmare Distress, and the Efficiency of Trauma Focused Cognitive Behavioral Therapy for Post-Traumatic Stress Disorder», *Archives of Trauma Research*, 5, n.º 3 (12 de mayo de 2016), <https://doi.org/10.5812/atr.33051>.

Recuerdo vívidamente una experiencia que tuve con un símbolo que representaba la confrontación y la necesidad de reconocer y hacer frente a demonios personales. Al cerrar los ojos y adentrarme en este símbolo, una criatura terrorífica empezó a perseguirme. Yo lo veía borroso, pero parecía ser un ciervo enorme con brillantes ojos rojos y afilados dientes del tamaño de mi mano. El pánico que sentí fue inmediato y visceral, y sentí un impulso ineludible de alejarme de esta criatura que sentía que tenía la intención de hacerme daño.

Corrí todo lo rápido que pude, pero sentí cómo la criatura se acercaba. Cuanto más rápido corría, más rápido corría ella, hasta que parecía estar a pocos centímetros de mí. Finalmente agotada, dejé de correr y me di la vuelta lentamente para hacer frente al monstruo que me perseguía. Al momento de plantarle cara, se transformó en una cierva de apariencia afable y mi miedo disminuyó. Me di cuenta de que cuanto más nos esforzamos por huir de nuestras sombras, más insisten estas en hacerse notar. Al plantarles cara, el poder que tienen sobre nosotros disminuye y la persecución frenética se detiene o, al menos, se ralentiza.

Como la criatura en mi viaje, las pesadillas son mensajes que nos envía nuestro subconsciente, no con la intención de hacernos daño, sino de protegernos, alertarnos y ayudarnos a romper patrones que ya no nos sirven. Nuestro subconsciente no permitirá que lo ignoremos y hará que nuestros sueños sean alarmantes y terroríficos hasta que le prestemos atención. Por muy sobrecogedoras que puedan ser estas pesadillas, es importante tener en mente que el miedo a lo desconocido puede ser mucho peor que tener que hacer frente a algo desagradable. Cuando nos enfrentamos conscientemente a lo que sea que nos persigue, en muchos casos le arrebatamos el poder y ponemos fin a la necesidad de nuestro subconsciente de perpetuar la pesadilla.

CÓMO LIDIAR CON LAS PESADILLAS

Se han propuesto muchos métodos para hacer frente a las pesadillas. En *Creative Dreaming: Plan and Control Your Dreams to Develop Creativity, Overcome Fears, Solve Problems, and Create a Better Self* («Sueños creativos: Planifica y controla tus sueños para desarrollar tu creatividad, superar tus miedos, resolver problemas y crear un yo mejor»), Patricia Garfield ofrece opciones que incluyen confrontar y conquistar la amenazadora imagen de tu sueño, acercarte a ella de forma amigable, negociar con ella, hallar un aliado onírico para que te ayude y fusionarte con ella para aprender más.[81] El pueblo senoi de Malasia creía que, al formular preguntas sobre las intimidantes imágenes de nuestras pesadillas, podemos comprender mejor el mensaje que nuestro subconsciente está tratando de enviarnos y, por lo tanto, derrotar a la pesadilla.[82] He aquí algunas preguntas que puedes hacerle a la criatura de tus pesadillas:

- ¿Qué intentas decirme?
- ¿Representas a una persona real de mi vida? Si es así, ¿a quién?
- ¿Por qué me amenazas?
- ¿Te puedo ayudar de alguna manera?
- ¿Me puedes ayudar? Si es así, ¿cómo?
- ¿Qué necesito saber para superar mis miedos para que pueda sanar y avanzar?

A fin de cuentas, hacer frente a las pesadillas es otra faceta del trabajo de sombras. Por lo tanto, hacer trabajo de sombras en

---

81. Garfield, Patricia (1995), pp. 144–145.
82. Peisel, Thomas; Tuccillo, Dylan y Zeizel, Jared (2013), p. 189.

las horas en que estamos despiertos nos ayudará a entender mejor y a disipar nuestras pesadillas. Sin embargo, el trabajo de sombras puede ser un detonante, sobre todo si nuestras sombras son fruto del trauma, particularmente uno de la infancia. Si has tenido algún trauma y te preocupa lo que podría suponer para ti el trabajo de sombras, contar con ayuda profesional o al menos un sistema de apoyo fuerte antes de sumergirte en la exploración del trauma es una buena idea, ya que puede ser muy difícil y abrumador. También sugiero encarecidamente que te trates con delicadeza y confíes en lo que tu intuición te dice sobre si estás listo o no.

Mientras que algunos investigadores del sueño creen que la mejor manera de superar una pesadilla es matar o eliminar a la figura hostil de tus sueños, muchos expertos (incluidos Stephen LaBerge y Carl Jung) sugieren lo contrario. Según ellos, el objetivo es transformar y reconciliarte con las figuras oníricas en vez de matarlas. Carl Jung consideraba que nuestras pesadillas o «elementos sombra» son partes de nuestro subconsciente que necesitan ser reconocidas y aceptadas. Pensaba que para poder sanar y ser una persona más íntegra y equilibrada, tenemos que aceptar y asimilar los mensajes que nuestra mente nos manda a través de nuestras pesadillas. Hacer eso no solo nos ayuda a dormir mejor, sino que mejora nuestra salud mental y nuestra confianza en nosotros mismos.

Stephen LaBerge tiene un punto de vista similar. LaBerge opta por «entablar un diálogo amistoso» con nuestras pesadillas y «mantener una relación más armoniosa con nuestras partes más oscuras».[83] Esto no significa que perdones o entables amistad con una figura de tus pesadillas que ha actuado de manera violenta o ha tenido gestos imperdonables hacia ti en tu vida

---

83. LaBerge, Stephen (2009), p. 47.

consciente. Con frecuencia, los monstruos que representan tus elementos sombra —sean personas reales u horribles criaturas ficticias— representan partes de ti que intentan evitar que te hagan más daño, aunque suene contradictorio.

Habiendo investigado y puesto en práctica el trabajo de sombras durante los últimos años, y hablado con otros que han estudiado este fenómeno, puedo verificar la validez de esta hipótesis. Por intimidante y alarmante que pueda ser, nuestras sombras están aquí para protegernos y ayudarnos a progresar y evolucionar. Sin embargo, su manera de ayudar puede resultar retorcida y contraria al sentido común. Para quienes hemos sido víctimas de abuso infantil o negligencia, nuestro subconsciente quizás haya asimilado mecanismos de supervivencia que funcionaron en aquel momento, pero que no sirven de nada cuando salimos de esos ambientes o alcanzamos la edad adulta.

Por ejemplo, seres queridos que sufrieron traumas de niños me dijeron que sobrevivieron desvinculándose de quienes los rodeaban y fingiendo que todo iba bien. Al no reconocer el trauma que estaban experimentando, fueron capaces de superar esas horribles situaciones. Su subconsciente continuó poniendo en marcha estos mecanismos de defensa cuando se sentían amenazados, confusos o asustados. Como puedes imaginarte, estos mecanismos —a pesar de ser efectivos en la infancia— les dificultó la tarea de mantener relaciones sanas con sus seres queridos durante situaciones complicadas.

¿Es posible que la aterradora criatura que nos persigue en sueños sea en realidad una parte de nuestra psique que nos advierte de los peligros o heridas que no queremos o no somos capaces de ver estando despiertos? Carl Jung y otros creían que este era el caso y que estas partes de nuestro subconsciente y, por lo tanto, de nosotros mismos, realmente solo quieren ser reconocidas, queridas e integradas de nuevo en nuestras vidas. Como dijo la poeta Rainier Maria Rilke una vez: «Quizá todo lo que nos asusta es, en esencia, algo indefenso que quiere nuestro amor».[84]

Mi propia experiencia con las pesadillas ha confirmado la veracidad de la afirmación de Rilke. Durante muchos años, en mi trabajo con las pesadillas y las sombras, me acechó una criatura que era demasiado horrible como para mirarla. Una y otra vez, me encontraba a mí misma entrando en una casa oscura con escaleras y pasillos laberínticos hasta llegar a una habitación en un sótano iluminada tan solo por velas. Allí, en la esquina, había una figura esbelta de espaldas a mí. Estaba encorvada y vestía una capa negra. Podía notar el calor abrasador que emitía y, cuando finalmente se giró hacia mí, a duras penas lograba distinguir a un monstruo que solo podía describirse como la personificación de la rabia.

Cada vez, huía de la habitación y de la casa sumida en el pánico. Cuando por fin reuní el coraje para confrontar a la figura y preguntarle lo que quería y el porqué de su acoso, me quedé estupefacta al ver cómo la figura se transformaba en una versión de mí misma cuando era una niña. Con lágrimas en los ojos y una voz temblorosa, mi yo más joven me hizo saber que solo quería que yo la viera, la calmara y reconociera heridas que nunca había procesado o sanado. Abracé a esta versión más joven de mí misma y le aseguré que la veía y la quería. Al poco tiempo, empecé a trabajar deliberadamente en estos instantes dolorosos del pasado, que me habían afectado de maneras de las que no había sido consciente, para identificarlos y sanarlos.

Por suerte, estos dolores pasados no fueron el fruto de incidentes que puedan considerarse traumas significativos; no eran consecuencia de abuso o abandono intencionado, pero eran situaciones que me habían causado dolor y habían contribuido a

---

84. Rilke, Rainer M. (2014), *Letters to a Young Poet*, Leipzig, Hythloday Press, p. 50.

patrones autodestructivos sin ser yo consciente de ello. En aquel momento, pensé que era mejor no regodearse en ellos, así que seguí adelante sin considerar del todo cómo me habían afectado. Ahora veo que hacer eso era similar a poner una tirita sobre un corte profundo y esperar que con eso bastara; mientras que mi yo consciente siguió adelante, mi subconsciente nunca sanó. Una vez que me enfrenté a mi pesadilla intencionadamente y abracé a la niña asustada y dolida que acechaba en mi mente, las pesadillas cesaron.

TRANSFORMACIÓN DE PESADILLAS

Aunque en muchas pesadillas aparece un villano o acosador de algún tipo, no todas son así. Algunas reflejan miedos, como caerse accidentalmente por un acantilado. Unas pueden tratar sobre la muerte de un ser querido, mientras que otras recrean un evento traumático. Esta última la suelen experimentar los veteranos con TEPT que reviven experiencias traumáticas en el campo de batalla. Varios estudios sobre pesadillas realizados a lo largo de los años —especialmente con individuos que sufren TEPT— han hallado una técnica que resulta útil a la hora de disminuir la frecuencia de las pesadillas y que funciona independientemente de si la pesadilla versa sobre un enemigo que trata de herirte u otros tipos de miedos. Tomar nota de las pesadillas es un componente crucial de esta técnica, en la que se le pide a la persona que relea la descripción de la pesadilla durante las horas de vigilia, inmediatamente después de hacer ejercicios de respiración y otras actividades diseñadas para fomentar un estado mental relajado. Después de eso, el proceso incorpora lo que se conoce como «terapia de ensayo en imaginación», y para ello les pidieron a los participantes de los estudios que visualizaran su pesadilla y ensayaran un final más positivo al menos una vez al día durante un periodo de dos semanas.[85]

Los investigadores descubrieron que usando esta técnica, las pesadillas de los participantes «cortocircuitaron».[86] Un investigador llegó a la siguiente conclusión:

> Convertir las pesadillas en sueños de «superación» no solo reduce o elimina los malos sueños, sino que la reacción diurna al trauma (por ejemplo, *flashbacks,* respuesta de sobresalto exagerada y ansiedad generalizada) también tiende a disminuir.[87]

El siguiente ejercicio se basa en la meditación del panel de control detallada en el capítulo 3 e incorpora el elemento de terapia de ensayo de imaginación descrita anteriormente.

Ejercicio de transformación de pesadillas

Probablemente necesites llevar a cabo este ejercicio múltiples veces a lo largo de las siguientes dos o tres semanas para que la transformación se arraigue de verdad en tu subconsciente.

Instrucciones

1. Lanza un círculo o protección como harías normalmente. Quizá sea de ayuda realizar algunas de las actividades descritas en el capítulo 3 antes de irte a dormir para ayudarte a relajarte y prepararte.

---

85. Rock, Andrea (2005), p. 118.
86. *Ibid.*
87. *Ibid.*

2. En un lugar tranquilo en el que tengas la certeza de que no te van a interrumpir, recuerda una pesadilla que te haya estado inquietando. Si has apuntado esta pesadilla en tu diario de los sueños, identifica patrones que se repiten antes de tener esta pesadilla. Por ejemplo, ¿ocurre después de incidentes o días específicos? ¿Cuál suele ser tu rutina la noche en la que tienes ese sueño? ¿Hay algún detonante tangible en el día o noche que precede a estas pesadillas?

3. Una vez te has tomado un tiempo para valorar estos factores, adéntrate a través de la siguiente meditación guiada en tu templo personal del plano astral.

Meditación guiada: viaje a tu templo del plano astral

Siéntate o túmbate en una posición cómoda en un lugar en el que es poco probable que te interrumpan. Empieza por respirar hondo varias veces, lentamente, inhala y exhala. Cuando te sientas lo suficientemente relajado, visualiza una puerta frente a ti. Puede ser cualquier tipo de puerta, incluso un portal. Cuando estés listo, atraviesa el umbral y te verás caminando por un sendero a través de un jardín. A medida que te aproximas al final del camino, te encuentras frente a tu propio templo personal, que has visitado previamente. El templo puede tener el mismo aspecto o puede tener una apariencia distinta, pero una cosa no ha cambiado: la sensación de ser dueño de este templo y la tierra que lo rodea, y cuando estás aquí te sientes completamente seguro.

Metes la mano en tu bolsillo y sacas la llave de tu reino. Coloca la llave en la cerradura y adéntrate en tu morada. La energía que sientes es únicamente tuya. Es la energía que sientes cuando estás en tu mejor momento y te sientes feliz, seguro y sereno. Dirige tu atención al cuadro en la pared tras el cual se encuentra tu panel de control. Considera qué quieres ajustar en el panel de control, si es que hay algo que quieras cambiar. ¿Sientes que necesitas más coraje? ¿Te gustaría sentir menos tu miedo? A lo mejor podrías aumentar tu creatividad para ayudarte a trasformar tu pesadilla. Haz los ajustes que desees. Cuando hayas acabado, sal de tu templo y ve al jardín.

En tu mente, ves una imagen congelada del comienzo de la pesadilla que quieres transformar. Proyéctala en un espacio abierto frente a ti. La imagen comienza a temblar a medida que se convierte en un portal. Atraviesas el portal.

Al otro lado de este, te encuentras a uno de tus aliados oníricos. Te acercas a él y le haces entrega de una ofrenda. Cuando te preguntan cuál es tu objetivo, le dices que has venido para transformar esta pesadilla y así entenderla mejor y darle un final más positivo. Le pides que te dé cualquier información que tenga acerca del mensaje que la pesadilla está tratando de enviarte. Tómate un momento para escuchar lo que tu aliado tiene que decirte. Entonces le preguntas a tu aliado si hay algún consejo que te pueda dar para este viaje. Te responde.

Cuando has terminado de hablar con tu aliado onírico, le das las gracias y empiezas a adentrarte en tu pesadilla, recreándola hasta llegar al momento en el que aparece el villano o te ocurre algo horrible. Llegados a este punto, visualiza un final distinto. Por ejemplo, si hay una imagen onírica hostil, quizá quieras hacerle preguntas, ordenarle que revele a quién o qué representa, y acercarte a ella con comprensión y amor. Si tu pesadilla consiste en un evento traumático, como un desastre natural o la muerte de un ser querido, quizá hagas algo para prevenir o cambiar esa escena. Si, por ejemplo, en tu pesadilla estrellas un coche, *puedes optar por conducir en otra dirección, ir más lento o salir del vehículo directamente.*

Continúa con esta recreación con final distinto hasta que acabe el sueño. Una vez que el sueño haya acabado, tómate un momento para dar las gracias al sueño y a sus personajes por compartir su mensaje contigo, y declara que ya no necesitas la pesadilla porque has reconocido este lado de tu mente. Has escuchado y aceptado el mensaje de tu subconsciente.

Entonces sales por el portal y vuelves a tu templo. Cruzas el umbral de la puerta y la cierras antes de recorrer de nuevo el camino y regresar a la realidad mundana. Cuando alcanzas la puerta que te encontraste al principio de esta meditación, la atraviesas y respiras hondo varias veces para volver a esta realidad. Si es necesario, toca el suelo con las manos y los pies para sentirte más conectado con la tierra.

DESCIFRANDO EL CÓDIGO

A pesar de nuestros esfuerzos, a veces no podemos descifrar el código de nuestro subconsciente y es posible que las pesadillas continúen. La diosa galesa Ceridwen te ofrece un método alternativo para enfrentarte a ellas. Se cree que la historia de Ceridwen se puso por escrito por primera vez en el *Libro de Taliesin*, el cual en ocasiones forma parte de la colección de cuentos galeses medievales conocida como *El Mabinogion*. En la historia, Ceridwen reúne hierbas para crear una poción para su hijo, Afagdu. Este es descrito como un chico bastante feo, de ahí que Ceridwen quisiese compensar su apariencia con el don de la inspiración divina («Awen»).

Ceridwen trabajó en esta poción durante un año y un día, y contrató a un muchacho joven llamado Gwion para remover el caldero. La intención de Ceridwen era destilar los ingredientes hasta concentrarlos en tres gotas de Awen puro; el resto de la poción se tornaría tóxica y se derramaría hasta caer al suelo. Dependiendo de la versión de la historia, Gwion o bien se hace con una parte de la poción de manera intencionada o —lo que la mayoría tiene por costumbre creer— un poco de la poción sale disparada del caldero y le abrasa el pulgar, por lo que, instintivamente se lo lleva a la boca para aliviar su dolor.

En cualquier caso, a Gwion se le concede el Awen y es perseguido por una enfadada Ceridwen. Ambos pasan por muchas transformaciones durante la persecución hasta que, finalmente, Gwion se convierte en un grano de maíz y Cerdiwen, transformada en gallina, se lo come. En consecuencia, se queda embarazada de Gwion. Su plan era matarlo cuando naciera, pero cuando dio a luz, el niño era demasiado hermoso para matarlo, así que lo envolvió y lo lanzó al mar. El príncipe Elffin encontró al niño, que se había transformado en Taliesin. Taliesin inmediatamente empezó a recitar poesía y hacer predicciones, y se convirtió en el bardo más famoso de Bretaña.

Ceridwen es la aliada perfecta para ayudarnos a entender mejor nuestras pesadillas. Como ilustra su historia, es capaz de reducir las cosas a su estado más puro, dejando que el resto del brebaje tóxico se vaya por el desagüe. Al destilar nuestras pesadillas hasta llegar a alcanzar el núcleo del mensaje, superamos la toxicidad y utilizamos la inspiración divina para ayudarnos a transformar aquello que tememos en cosas que nos ayuden a conocernos mejor y sanar heridas del pasado que nos retienen en nuestra vida consciente.

Meditación guiada: el caldero de Ceridwen

Siéntate en un lugar tranquilo y respira hondo varias veces. Ves una puerta frente a ti con un dibujo de un caldero. Cuando estés listo, abre la puerta. Te encuentras en un camino que atraviesa el bosque. A tu izquierda hay un lago; ves el reflejo de la luna en la superficie del agua. Caminas por el sendero hasta que llegas a un claro. Giras a tu izquierda y ves el lago al fondo. A un metro de distancia, en el centro del claro, hay un caldero negro suspendido por cadenas sobre una hoguera. Una mujer con capa negra sale del bosque y se coloca junto al caldero. Es asombrosa, con pelo largo plateado y un rostro que denota belleza, gracia y sabiduría, con un ligero toque de intimidación. Te acercas lentamente al caldero.

La mujer te dice que es Ceridwen y está aquí para ayudarte a entender mejor tus sueños. No obstante, te advierte que debes comprometerte con el trabajo que has de hacer para apaciguar tus miedos y curar tus heridas. Te pregunta si te comprometerás con el trabajo, y tú respondes que lo harás. Te indica que te acerques al caldero y mires dentro. Ves un líquido burbujeante que parece un abismo negro. El olor que desprende es pútrido y empiezas a preguntarte si estás listo para esto. Armándote de valor y recordando el motivo por el que estás aquí, miras a Ceridwen y asientes.

Ceridwen te indica que imagines tu pesadilla. Cuando está plenamente formada en tu mente, te pide que proyectes la visión en el caldero. Lo haces, y en cuanto la pesadilla toca el líquido, el caldero empieza a sisear y burbujear frenéticamente. Das un paso atrás de inmediato, pero antes de que puedas alejarte mucho, el aire se detiene. El tiempo parece congelarse cuando ves tres gotas verdes emerger del caldero. En estas gotas puedes ver una imagen. Te acercas con curiosidad y distingues el mismo símbolo en las tres gotas. A medida que piensas en lo que significa, te llevas la mano a la boca. De repente, las tres gotas se fusionan en una y esta atraviesa el aire hasta alcanzar tu pulgar. Instintivamente, te llevas el pulgar a la boca para aliviar la sensación de ardor. Cuando lo haces, tu mente se inunda de palabras e imágenes que te llevan a comprender lo que significa el símbolo y, por lo tanto, el mensaje que tu subconsciente está tratando de enviarte a través de tus pesadillas. Tómate un momento para procesar la información que estás recibiendo.

Una vez que has tenido la oportunidad de dar sentido a esta nueva información, te giras para mirar a Ceridwen. Si tienes algunas preguntas sobre el símbolo y esta nueva información, hazlas ahora. Ella puede o no responder a tus dudas; sé consciente de que si no las resuelve, probablemente significa que aún no es hora de que lo entiendas plenamente o debes explorar por tu cuenta primero. Cuando has terminado de conversar con Ceridwen, dale las gracias y deja una ofrenda. Ahora, date la vuelta y vuelve por donde viniste, a través de la puerta con el caldero dibujado, de vuelta a la realidad presente. Respira hondo varias veces. Toca el suelo para conectarte con la tierra si lo necesitas. Cuando estés listo, abre tus ojos y toma nota de la información y el símbolo.

LAS PESADILLAS COMO MENSAJES

A pesar de que la mayoría de las pesadillas son mensajes de tu subconsciente, es posible recibir mensajes de deidades mientras dormimos. El sueño es un estado liminar y no hay duda de que si un ser querido puede visitarnos en un sueño, no hay razón por la cual una deidad u otro aliado onírico no pueda hacerlo también.

Morrigan es una de las diosas asociadas con las pesadillas y es miembro de la raza irlandesa conocida como los Tuatha Dé Danann.

Morrigan es la misteriosa diosa de la guerra que ocupa un lugar destacado en la mitología irlandesa. A veces se la considera una única deidad, mientras que otras, Morrigu (como también se le llama a veces) es descrita como un colectivo que incluye a diosas como Badb, Macha, Nemain y Anu. Morrigan es conocida por brindar presagios y profecías. En la historia central del *Ciclo del Úlster* de la mitología, *El robo del toro de Cuailnge*, Morrigan visita al toro marrón, que se enfrentará al toro blanco, en forma de pájaro, y le advierte por medio de un poema de que será capturado si se queda donde está, prediciendo futuras batallas devastadoras.[88]

En historias como *Ancient Irish Goddess of War* («Antigua diosa irlandesa de la guerra»), publicada a finales del siglo xix, se decía que Morrigan era capaz de predecir la muerte de los hombres en el campo de batalla en su forma de cuervo.[89] En poemas como *The Dirge of Fothad Canainne* («El canto fúnebre de Fothad Canainne»), ella aparece como «la lavandera del vado», una mujer mayor que limpia la sangre de la ropa de los soldados caídos a modo de presagio de muerte.[90] Aquí es necesario hacer un pequeño matiz, puesto que mientras que Morrigan como deidad única es ampliamente conocida por comunicar su profecía a través de un poema con métrica, es en su manifestación como Badb que comparte presagios en forma de cuervo.

Sus profecías se reparten normalmente en las horas conscientes en vez de en sueños. No obstante, la oscuridad que parece

88. Ravenna, Morpheus (2015), p. 27.

89. Hennessy, Williams, «The Ancient Irish Goddess of War», en Sacredtexts.com, <https://sacred-texts.com/neu/celt/aigw/aigw01.htm>. Publicado originalmente en 1870.

90. Ravenna, Morpheus (2015), p. 33.

acompañarla y su habilidad para transformarse en pájaro —una criatura normalmente asociada con la liminalidad, capaz de viajar a lugares difíciles o imposibles de alcanzar de otro modo— la convierten en una aliada onírica. Devotos de Morrigan con los que he hablado me han contado casos en los que una pesadilla, tras considerarla y hablar con la deidad, resultó ser un aviso que los ayudó a evitar una tragedia o cualquier otro hecho desagradable.

Las fuentes que he explorado y los devotos con los que he hablado parecen estar de acuerdo en que Morrigan es una diosa poderosa que debe tratarse con respeto. Puede resultar terrorífica y no está para tonterías, pero está más que dispuesta a ayudar a aquellos que considera suyos. La meditación guiada que se detalla a continuación puede ayudarte a conocerla y, si sientes afinidad con ella, permite que te guíe en lo que se refiere a cualquier pesadilla que te perturbe; sobre todo cualquiera que parezca tener un elemento de preaviso.

Como muestra de respeto, es una buena idea hacer una ofrenda a Morrigan antes de comenzar la meditación. Me he dado cuenta de que cosas como el *whisky* irlandés funcionan bien, pero no te sorprendas si te pide un poco de sangre. (¡Por favor, ten en cuenta que no te estoy incitando a que te hagas daño para ofrecerle sangre!). También te recomiendo que aprendas más sobre ella para determinar si es o no la aliada adecuada para ti antes de hacer la meditación.

Meditación guiada: Morrigan como aliada onírica

Cierra los ojos y concéntrate en tu respiración, contando lentamente hacia atrás desde diez. Cuando llegues al uno, verás que estás en un acantilado rocoso con vistas a las brillantes aguas azules. En el borde del acantilado, suspendido sobre el agua, hay un puente hecho de cuerdas y ramas. No parece tan robusto como te gustaría, pero tienes la sensación de que debes caminar por él para cruzar al otro lado si quieres encontrarte con Morrigan.

Reúnes el valor para dar el primer paso e, inspirando hondo, comienzas tu viaje. Hace viento y el puente se balancea a medida que avanzas, obligándote a sujetarte con fuerza a las cuerdas. Caminas sin pausa pero sin prisa, con tus ojos fijos en tu destino a medida que tus pies te propulsan hacia delante. Finalmente, después de varios largos minutos, llegas al otro extremo del puente.

Exhalando aliviada, pisas suelo firme y empiezas a caminar a través de un bosque un tanto lúgubre. Escuchas un burbujeo a lo lejos y al poco tiempo ves un arroyo. Oyes un graznido agudo y te giras para ver a un gran cuervo posado en un árbol, sus ojos luminosos y bien abiertos. El cuervo desciende volando hasta ti y ahogas un grito cuando se transforma en mujer. Esta mujer es alta y majestuosa, delgada pero fuerte, y el cabello del color de la sangre cae por su espalda. Sus ojos, sin embargo, se parecen mucho a los del cuervo. Se acerca a ti, pero no dice nada. Sabes inmediatamente que esta mujer es Morrigan.

Instintivamente, sientes la necesidad de inclinar tu cabeza en señal de respeto. Entonces extiendes tus manos con una ofrenda. Ella la observa, asiente, y luego señala una gran roca plana a unos pasos de distancia. Colocas la ofrenda en la piedra y te giras para mirarla. Ella guarda silencio, pero el cielo no. Escuchando el clamor de los pájaros, miras hacia arriba y ves que hay varios cuervos observándote desde las extremidades de los árboles que te rodean.

Con el máximo respeto por la diosa que tienes frente a ti, pronuncias su nombre y le pides que te ayude con la pesadilla que te inquieta. Te mira en silencio y sientes como si te pudiese ver el alma. Finalmente, te indica que la sigas hasta otra roca grande y plana junto al arroyo. Morrigan se gira hacia ti y te pide que le des tu pesadilla.

Extiendes tus manos y visualizas tu pesadilla, y te sorprende ver que aparece en tus manos en forma de dibujo. Le ofreces el cuadro a Morrigan, y esta lo lleva con delicadeza a la roca. Se arrodilla junto a la piedra y, a medida que lo hace, oyes que canta una canción sombría, pero no distingues las palabras. Ves cómo el marco y los bordes de tu cuadro se convierten en un uniforme de batalla, y los colores e imágenes se transforman en manchas de sangre. Cuando empieza a lavar el uniforme en el arroyo, jurarías que comienza a envejecer. Tiene mechones grises en su pelo, aparecen arrugas en su rostro y tiene el cuerpo encorvado. Murmura algo, pero, una vez más, no eres capaz de distinguir las palabras.

La sangre del uniforme empieza a desaparecer con cada sumersión en el agua helada. Cuando Morrigan finalmente lo saca del agua, ves que la sangre se ha transformado en dibujos, palabras y símbolos que representan el mensaje que intenta transmitirte la pesadilla. Tómate un momento para observar de cerca las imágenes. Las memorizas y, cuando lo haces, el uniforme empieza a disolverse hasta que solo quedan hilos.

Morrigan se pone de pie y, cuando lo hace, sus rasgos adoptan de nuevo una apariencia más joven. Te pregunta si tienes alguna duda sobre lo que has visto o tu siguiente paso ahora que ella te ha ayudado a interpretar el presagio o el significado de la pesadilla que le entregaste. Tómate un momento para hacer tus preguntas. En algún punto, te indica que tu tiempo con ella ha acabado. Le pides un último favor: un símbolo para poder contactar con ella en el futuro. Ella abre tu mano, coloca algo allí y la cierra. Tómate un momento para observar lo que te ha dado y memoriza el símbolo, puesto que servirá como llave para devolverte a este reino en el futuro.

Reúnes todo tu coraje para mirarla directamente a los penetrantes ojos y le das las gracias por su ayuda. Cuando la última de tus palabras abandona tus labios, se transforma una vez más en un gran cuervo capuchino con alas de color negro y gris. Te mira una vez más y luego se lanza al cielo, elevándose hasta quedar fuera de vista. Cuando estés listo, vuelve al puente, pero esta vez te das cuenta de que el viento se ha calmado y el puente resulta menos intimidante. Lo cruzas con facilidad y caminas de vuelta al aquí y ahora. Respira hondo varias veces y, cuando estés preparado, abre los ojos.

Asegúrate de tomar nota de tu experiencia cuando hayas completado la meditación.

OTROS TIPOS DE PERTURBACIONES DEL SUEÑO

Mientras que las pesadillas son sucesos comunes, un pequeño porcentaje de la población también experimenta terrores nocturnos y parálisis del sueño. Aunque son más habituales entre los niños, también se dan entre adultos. La diferencia entre los terrores nocturnos y las pesadillas es que la persona no suele recordar nada después, incluyendo el hecho de que ocurrió. Estas experiencias aterradoras se dan entre la primera y tercera fase del sueño, como se explica en el capítulo 1, y se caracterizan por uno o más de los siguientes síntomas:

- Gritos
- Sentarse en la cama
- Mirar un punto fijo con los ojos muy abiertos a pesar de estar técnicamente dormido
- Dar patadas y moverse salvajemente

- Tendencia al sonambulismo
- Respiración acelerada, pulso rápido, sudor excesivo, pupilas dilatadas[91]

La parálisis del sueño es un poco distinta a los terrores nocturnos y puede ocurrir a la par que las pesadillas. Alguien con parálisis del sueño no podrá mover su cuerpo por mucho que lo intente. Los episodios pueden estar acompañados de alucinaciones y dificultad para respirar.

No hay respuestas definitivas a la pregunta de qué causa la parálisis del sueño, pero a un neurocirujano francés, de nombre Michael Jouvet, se le han ocurrido algunas teorías muy convincentes. Jouvet descubrió que el bulbo raquídeo experimenta lo que parece ser una parálisis al principio de la fase REM.[92] Se sospecha que el propósito de ello es que la persona no se levante estando dormida para representar lo que está soñando. Normalmente, la parálisis desaparece cuando salimos de la fase REM.[93] Sin embargo, este no siempre es el caso, puesto que otras personas y yo hemos experimentado parálisis del sueño estando completamente despiertos.

En mi caso, esto me solía ocurrir de pequeña después de pesadillas especialmente siniestras. Al despertarme, sentía que una fuerza invisible me sujetaba y me inundaban el pánico y el miedo. La parálisis normalmente acababa después de lo que parecían varios largos minutos pero que probablemente eran solo segundos. Jouvet tiene la teoría de que la parálisis del sueño es algún tipo de fallo técnico que hace que la persona recobre la conciencia antes de que la parálisis —el mecanismo de protección del cuerpo— haya cesado.[94]

---

91. (2024), «Sleep Terrors (Night Terrors)», en Mayoclinic.org, <https://www.mayoclinic.org/diseases-conditions/sleep-terrors/symptoms-causes/syc-20353524>.

92. Belanger, Michelle (2006), p. 150.

93. *Ibid.*

94. *Ibid.*

Puede que no haya una cura definitiva para los terrores nocturnos y la parálisis del sueño, aunque métodos como la terapia conductual cognitiva, el *biofeedback*[95] y la hipnosis han sido útiles en algunos casos. Recomiendo a los lectores que sufren estos trastornos del sueño explorar estos posibles tratamientos. Aunque no sea una cura, la rejilla de cristal explicada en este libro puede proveer cierta protección y paz mental para ayudarte a prepararte mentalmente y a crear un ambiente que impide que se produzcan estos episodios y ayuda a lidiar con los síntomas físicos y mentales asociados con ellos. Los lectores con pesadillas también pueden beneficiarse de esta rejilla.

La base de la rejilla de cristal es el punto focal de tu rejilla. Puedes encontrar bases simples *online* hechas de materiales como madera, tela o resina, o puedes hallar patrones e imprimirlos en papel. La base normalmente contiene una figura adecuada para el trabajo que estás realizando. El patrón de la flor de la vida es popular y funciona bien para esta rejilla, dado que es útil a la hora de ayudarte a ser consciente de ti mismo y de promover la armonía. Otros patrones y formas que funcionan bien son los círculos, los cuadrados y las estrellas.

La howlita blanca es conocida por promover la paz y ayudar con el insomnio. Tanto la cianita negra como el ónix ofrecen energía protectora, creando una especie de escudo en torno a lo que quieres proteger. El ónix transmite fuerza y puede potenciar la confianza, y yo he usado la cianita negra con éxito para sanar y superar bloqueos energéticos. El cuarzo rosa es un cristal poderoso para aliviar la ansiedad, ganar paz mental y superar el miedo con amor.

---

95. Terapia en la que se utilizan sensores que recogen información en tiempo real de las funciones fisiológicas para poder controlarlas, como la frecuencia cardíaca o las respuestas musculares. *(N. de la T.)*

En tiempos victorianos, los dolientes solían llevar joyas hechas de azabache para mitigar su pena. Esta piedra tiene otras propiedades beneficiosas, entre ellas disipar la energía negativa, purificar, aliviar la ansiedad o el miedo y ofrecer protección. La obsidiana es una piedra igualmente poderosa en lo que se refiere a la protección y la purificación, y absorbe la energía negativa. Por esta razón, es importante limpiar tu obsidiana después de cada uso. Aunque no es necesario, las hierbas son también componentes útiles de la rejilla de cristal. Los pétalos de rosa ofrecen energía suave y reconfortante, mientras que la lavanda ayuda con la relajación. El romero es una hierba protectora y, además, puede ayudarte a recordar tus sueños. Para terminar, la naturaleza puntiaguda de las hojas de acebo, así como su toxicidad, las convierte en el aliado protector ideal.

Rejilla de cristal para pesadillas, terrores nocturnos y parálisis del sueño

(Por favor, vea la ilustración que hay tras las instrucciones).

Materiales necesarios

- Base de la rejilla de cristal (puede estar hecha de cualquier material, incluyendo madera, tela, papel o selenita)
- 2 fragmentos de howlita blanca
- 2 fragmentos de cianita negra u ónix
- Un fragmento de cuarzo rosa
- 2 fragmentos de azabache
- 2 fragmentos de obsidiana

Opcional: pétalos de rosa, romero, lavanda y hojas de acebo. (Por favor, ten en cuenta que las hojas de acebo pueden ser venenosas. Si decides usarlas, asegúrate de colocarlas lejos del alcance de niños y mascotas).

Instrucciones

1. Purifica los cristales que vas a usar.

2. Coloca la base de tu rejilla en una superficie plana, como tu altar de los sueños o mesita de noche. Asegúrate de ponerla en un sitio en el que no moleste.

3. En el anillo exterior de tu rejilla, coloca un fragmento de obsidiana en las esquinas orientales y occidentales. Coloca el ónix y la cianita al norte y al sur.

4. Entre los cristales del anillo exterior de la rejilla, coloca hojas de acebo con la punta hacia fuera.

5. En la parte interna de la rejilla, coloca un fragmento de azabache al norte y otro al sur, justo por encima y por debajo de los cristales del anillo exterior.

6. Coloca un trozo de howlita blanca en las esquinas orientales y occidentales de la parte interna. Si lo deseas, coloca hojas de romero en los huecos entre el azabache y la howlita.

7. En el centro de la rejilla, coloca un trozo de cuarzo rosa. Además de emitir una energía suave y reconfortante, este cristal también te representa rodeado de fuerzas protectoras y sanadoras mientras duermes.

8. Coloca pétalos de rosa y lavanda en torno al cuarzo rosa.

9. Declara en voz alta cuál es el propósito de tu rejilla y luego visualízalo. Una vez que tengas la visión clara en tu mente, imagina energías de colores que reflejan tu intención, cómo esta se eleva desde la tierra hasta tus pies y baja desde el cielo a través de tu cabeza. Podrías usar los colores de los cristales de la rejilla o cualquier color que represente la energía que estás intentando atraer. Continúa tirando de la energía hacia tu corazón, y luego imagínate que recorre tus brazos y la viertes a través de tus manos sobre la rejilla de cristal.

10. Cuando sientas que toda la energía ha entrado en la rejilla, concéntrate en silencio en la rejilla durante un par de

minutos. Luego quizá quieras conectarte con la tierra tocando el suelo o estirando un poco. Querrás recargar la energía de tu rejilla cada pocos días, y para ello tendrás que repetir el paso 9. Asegúrate de tomarte un momento para centrarte en tu rejilla antes de irte a dormir.

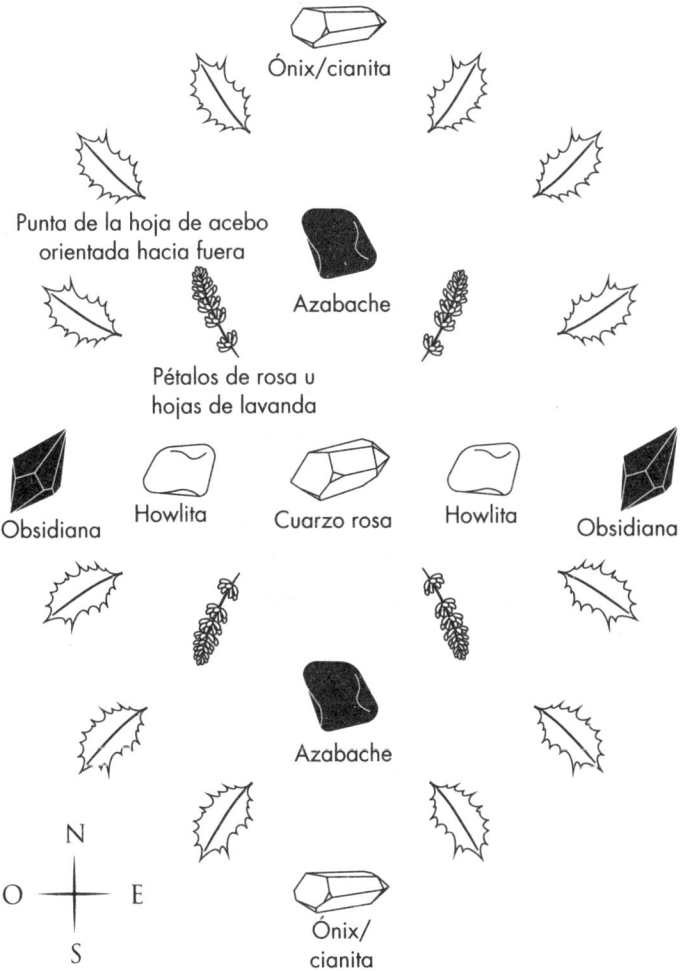

Rejilla de cristales para pesadillas

PESADILLAS COMO INSPIRACIÓN CRAzabachelVA

Las pesadillas son desagradables, pero en cierto modo pueden ser útiles. Además de ayudarnos a entendernos mejor y curar heridas del pasado, también pueden desatar tu creatividad. Numerosos escritores e inAzabachetores han atrObsidianalgunos de sus mayores logros a pesadillas. Algunos ejemplos incluyen:

- **Edgar Allan Poe**: el famoso escritor y poeta afirmó una vez que vio los ojos salvajes y luminosos de la mujer del relato corto *Ligeia* por primera vez en un sueño.[96]
- **Larry Page**: el creador de Google dijo que la idea para el motor de búsqueda surgió de un «sueño de ansiedad».[97]
- **Mary Shelley**: la inspiración para escribir *Frankenstein* le vino en una pesadilla.
- **Elias Howe**: en 1845, Howe tuvo una pesadilla en la que era capturado por caníbales que le dijeron que debía crear una máquina de coser en 24 horas o, de lo contrario, moriría. Cuando fue incapaz de cumplir con su objetivo, los caníbales lo apuñalaron repetidamente con lanzas que tenían un agujero en el extremo superior. Esto hizo que Howe se diera cuenta de que tenía que hacer un agujero —similar al de la lanza de los caníbales— en la punta afilada de la aguja de la máquina de coser que estaba intentando construir en su estado de vigilia para que funcionara.[98]

---

96. Van de Castle, Robert (1994), *Our Dreaming Mind*, Nueva York, Ballantine Books, p. 15.
97. Walsh, Carl (2016), «9 Inventions Inspired by Dreams», en Bedguru.co.uk, <https://www.bedguru.co.uk/9-inventions-inspired-by-dreams>.
98. *Ibid.*

- **Robert Louis Stevenson**: el autor declaró que las pesadillas fueron una gran fuente de inspiración mientras escribía *El extraño caso del doctor Jekyll y Mr. Hyde*.

Las pesadillas también pueden dar pie a los sueños lúcidos, de los que hablaré en el próximo capítulo.

8

SUEÑOS LÚCIDOS

Henry David Thoreau dijo una vez: «Nuestra verdadera vida tiene lugar cuando estamos despiertos en sueños».[99] Quizá su observación refleja por qué a la gente le han fascinado los sueños lúcidos durante miles de años. Un sueño lúcido es aquel en el que la persona se da cuenta de que está soñando mientras aún está en el sueño. Una vez alcanzada la plena lucidez, la persona puede influir conscientemente en lo que ocurre en el sueño.

LOS SUEÑOS LÚCIDOS A LO LARGO DE LA HISTORIA

Una persona que está teniendo un sueño lúcido en el que se enfrenta a un peligro puede crear una vía de escape o transformar una figura hostil en una más amigable. Quienes los experimentan también pueden buscar información o viajar a lugares que nunca han visto. Poderes y hazañas que resultan imposibles estando despiertos (como volar), son posibles en los sueños lúcidos. Las posibilidades son infinitas.

La primera descripción de un sueño lúcido se remonta al año 415 a. C., cuando san Agustín registró una experiencia

---

99. LaBerge, Stephen (2009), p. 7.

onírica del doctor romano Genadio.[100] Desde el siglo XVI hasta el XVIII, filósofos y escritores, como René Descartes, Thomas Browne, Samuel Pepys y Thomas Reid, hicieron referencia a sus sueños lúcidos en conversaciones, escritos publicados o diarios. Sin embargo, no fue hasta 1867, que el investigador francés Léon d'Hervey de Saint-Denys acuñó el término *«rêve lucide»* o «sueño lúcido».[101]

Saint-Denys escribió sobre los sueños lúcidos en su libro *Los sueños y cómo dirigirlos*. Su interés en los sueños lúcidos estaba influenciado por su tentativa de librar a los niños de pesadillas provocadas por experiencias vitales traumáticas, como presenciar un incendio.[102] En 1913, el psiquiatra neerlandés Frederick van Eeden publicó *A Study of Dreams* («Un estudio de los sueños»), libro en el que recogió más de quinientos sueños propios, algunos de ellos lúcidos.[103] Sin embargo, la investigación de los sueños no empezó hasta la década de 1950.

En 1968, Celia Green publicó su libro *Lucid Dreams* («Sueños lúcidos»), que abarca su investigación sobre la conciencia en sueños y una hipótesis sobre la conexión entre los sueños lúcidos y la fase REM del sueño. La primera prueba científica de los sueños lúcidos data de la década de 1970 y principios de los 80, como resultado de experimentos dirigidos, por un lado por Keith Hearne, y, por otro, por Stephen LaBerge.[104] En los estudios de ambos científicos, un participante fue capaz de comunicar que estaba consciente y que era capaz de controlar sus sueños

---

100. Belanger, Michelle (2006), p. 140.

101. Garfield, Patricia (1995), pp. 232–233.

102. *Ibid.*

103. (2023), «History of Lucid Dreaming—Part 2», en The-lucid-dreamer.com, <http://the-lucid-dreamer.com/History-of-Lucid-Dreaming-2.html>.

104. (2023), «History of Lucid Dreaming—Part 3», en The-lucid-dreamer.com, <https://the-lucid-dreamer.com/History-of-Lucid-Dreaming-3.html>.

mediante una serie de movimientos oculares pactados antes de que el sujeto se quedase dormido.[105] LaBerge inauguró el Instituto de Lucidez en 1987, y la investigación sobre los sueños lúcidos continúa hoy en día. Aunque los estudios actuales han ofrecido información de valor incalculable sobre la práctica de los sueños lúcidos, hay mucho que aprender de culturas antiguas y sendas espirituales que han usado la conciencia onírica mucho antes de que el mundo científico la reconociera.

Dos de las famosas inmersiones culturales en los sueños lúcidos son las de los antiguos egipcios y budistas tibetanos. Se dice que los antiguos egipcios son la primera sociedad de la que se tiene registro que veneraba los sueños como un vínculo directo con el plano espiritual y creía que el alma podía abandonar el cuerpo físico intencionadamente durante el sueño. El antiguo término egipcio *«resut»*, cuyo jeroglífico se asemeja a un ojo abierto, se ha traducido como «despertar» o «conciencia», y el hecho de que esta palabra aparezca en escritos que se remontan a los años entre 2600 y 664 a. C., hace que los investigadores crean que los sueños lúcidos eran parte de las prácticas egipcias.[106, 107]

Los sueños lúcidos son parte del yoga de los sueños de los budistas tibetanos, práctica que tiene al menos mil años de antigüedad. Estos budistas utilizan los sueños lúcidos como un instrumento espiritual para alcanzar la iluminación, en parte, a través de una comprensión más profunda de la naturaleza de la realidad. Manteniendo la conciencia durante el sueño y el control sobre este, los budistas tibetanos captan la similitud entre el

---

105. Waggoner, Robert (2021), «Exploring the Scientific Discovery of Lucid Dreaming», en Noetic.org, <https://noetic.org/blog/exploring-scientific-discovery-lucid-dreaming/>.

106. Szapowska, Kasia, «Dreams of Early Ancient Egypt», *American Society of Overseas Research*, 10, n.º 2, (febrero de 2022), <https://www.sleepfoundation.org/parasomnias/sleep-paralysis>.

107. *Ibid.*

estado del sueño y la realidad, puesto que creen que ambos son ilusorios por naturaleza.[108] En el estado lúcido, los yoguis recibían indicaciones sobre determinadas tareas que debían completar con base en sus habilidades. La dificultad de dichas tareas aumentaba progresivamente y estas incluían cosas como explorar distintos mundos, transformarse en animales y conversar con seres iluminados.[109]

Es fácil asumir que los sueños lúcidos son una experiencia mística fuera del alcance de la mayoría. Por fortuna, esta suposición es falsa. Los investigadores del sueño, Schredl y Erlacher, estiman que en torno al 50 % de la población ha tenido un sueño lúcido al menos una vez en la vida y que un 20 % tiene al menos uno al mes.[110] No hay respuestas confirmadas a la pregunta de por qué los sueños lúcidos son posibles, pero según Andrea Rock, los estudios sugieren que podría ser «el resultado de cambios fisiológicos en el cerebro que, combinados con la voluntad y la intención cultivadas por el individuo, introducen un elemento de autoconciencia en el sueño».[111] En otras palabras, somos concientes de nuestros sueños porque tenemos el deseo de serlo y dicho deseo va acompañado de un cambio en nuestro cerebro.

CÓMO ENTRAR EN UN ESTADO DE SUEÑO LÚCIDO

Los sueños lúcidos, por lo tanto, son alcanzables, pero no sin mucha experimentación, práctica y paciencia. Los beneficios superan

---

108. Rock, Andrea (2005), p. 8.

109. Peisel, Thomas; Tuccillo, Dylan y Zeizel, Jared (2013), p. 32.

110. Shcredl, Michael; Fuchs, Carla y Mallett Remington (2022), «Differences Between Lucid and Non-Lucid Dream Reports: A Within Subjects Design», *Dreaming Journal of the International Association for the Study of Dreams*, 32, n.º 4, p. 345.

111. Rock, Andrea (2005), p. 150.

con creces los desafíos y pueden resultar en una mejora de tus habilidades, salud y felicidad. Esto ha sido corroborado no solo por pruebas anecdóticas, sino por investigaciones científicas. Ten en cuenta, sin embargo, que algunas personas no deberían tratar de invocar estos sueños, sobre todo quienes tienen dificultades para distinguir lo que comprende la realidad consciente de lo que ocurre en la imaginación y los sueños. Si lo intentan, podrían sufrir daños físicos o mentales.

Los sueños lúcidos se han usado con éxito en múltiples ocasiones, incluyendo las siguientes:

- Desarrollo de habilidades motoras.
- Disminución o eliminación de pesadillas.
- Alivio del dolor físico crónico y otras condiciones físicas.
- Mejora de la salud mental.
- Resolución creativa de problemas y aprendizaje.

El uso terapéutico de los sueños lúcidos ha demostrado reducir en gran medida miedos y fobias. Otros beneficios incluyen inspiración, autoconocimiento y aventura.

Los estudios demuestran que hay atributos que pueden ser de ayuda en este tipo de trabajo onírico. La investigadora Jayne Gackenbach ha descubierto que las mujeres parecen tener más facilidad para los sueños lúcidos, así como quienes meditan de forma regular y tienen un sentido del equilibrio elevado.[112]

Stephen LaBerge ha descubierto que hay tres requisitos cruciales para poder alcanzar la conciencia en sueños: la correcta aplicación y práctica constante de técnicas eficaces, la fuerte motivación y la excelente capacidad para recordar los sueños. Hay fases del sueño que se prestan a los sueños lúcidos. Estos tienen

112. Garfield, Patricia (1995), p. 174.

lugar mayormente durante las primeras horas de la mañana, cuando la persona está aún en la fase REM.

Aparentemente, un estado del sueño que persiste durante varias horas, deriva en el alcance y mantenimiento exitoso de la conciencia en sueños.[113] Por estas razones, LaBerge recomienda poner una alarma una hora antes de lo que es habitual para ti. Una vez despierto, intenta mantenerte en estado de vigilia durante 30 o 60 minutos antes de volver a dormirte con la intención de tener un sueño lúcido. Por ejemplo, si normalmente te levantas a las 6:00, prueba a poner una alarma a las 5:00 e intenta quedarte despierto hasta las 5:30 o 6:00 antes de tratar de dormirte de nuevo. Es mejor probar esta técnica un día en el que puedas dormir más de lo normal, sobre todo porque esto también puede alargar los sueños.

La siguiente receta del té del sueños lúcidos puede ayudar a que tu cuerpo y tu mente estén más receptivos a la conciencia onírica. Bebe este té antes de dormirte. Como siempre, por favor, investiga los ingredientes si tienes o sospechas que tienes cualquier alergia, sensibilidad o condición física (incluido el embarazo) que pueda verse afectada por la ingesta de estas hierbas. También recomiendo consultar a un profesional médico si tomas medicación que pueda reaccionar de forma adversa a estos ingredientes.

Receta del té del sueño lúcido

Ingredientes
- 2 cucharadas de pétalos de flor de loto azul
- 2 cucharadas de flores de camomila
- Una cucharada de hojas de menta

---

113. *Ibid.*, p. 155.

- ½ cucharada de flores de guisante de mariposa
- Una pizca de piel de naranja
- Un tarro de cristal

Instrucciones

1. Mezcla todas las hierbas en el tarro de cristal y agítalo bien.
2. Añade la piel de naranja y agítalo una vez más.
3. Coloca una cucharada de la mezcla en un colador de té y déjalo reposar en agua hirviendo entre tres y cinco minutos. De manera opcional, puedes añadir miel o edulcorante antes de bebértelo.

Es necesario saber cómo reconocer cuándo estás soñando para dominar la conciencia en sueños. Para empezar, considera los estados lúcidos y previos a dicha lucidez. En los estados previos, tienes la sensación de que podrías estar soñando, pero no lo sabes seguro. Esta sensación puede darse con frecuencia las primeras veces que experimentes con los sueños lúcidos. El oculista Oliver Fox creía que era necesario tener una actitud específica para pasar del estado previo a la lucidez en sí. Las cuatro fases progresivas de pensamiento que Fox identificó entre un estado y otro eran las siguientes[114]:

- Reconocer la disonancia o la poca probabilidad de que algo ocurra realmente solo cuando despiertas.
- Reconocer la disonancia en el sueño, pero aceptarla.
- Asombrarte ante la disonancia.
- Reconocer que lo que está ocurriendo en tu sueño (mientras estás en él) no es posible, o al menos es muy poco

---

114. Garfield, Patricia (1995), p. 154.

probable, en estado de vigilia. Este pensamiento te lleva a la conclusión de que estás, en efecto, soñando, momento en el cual el sueño puede tornarse lúcido.

En mi experiencia, es más fácil entrar en el estado que antecede a la lucidez cuando sueñas con algo un tanto aterrador o evoca sueños anteriores, o cuando el sueño empieza a desafiar los límites de la realidad, como estar en dos lugares a la vez o tener la habilidad de viajar en el tiempo. Por ejemplo, yo sueño repetidamente que conduzco por una carretera estrecha y traicionera, o sobre una masa de agua, y estoy en peligro de salirme de la vía. Dado que estos sueños se repiten y mi mente ha estado absorta en el trabajo onírico durante el proceso de escritura de este libro, cuestiono inmediatamente la autenticidad de estos sucesos cuando ocurren en sueños.

La antesala de la lucidez puede dar paso a esta, pero estar en estado lúcido no siempre garantiza poder influir en el desenlace del sueño. Es posible ser consciente de que estás soñando y permanecer en estado de observación en vez de participar de manera activa. Si experimentas este tipo de lucidez, no te rindas. No es raro tener varios de estos sueños al comienzo; me he dado cuenta de que son una buena señal, puesto que con bastante frecuencia preceden a la lucidez plena.

Si no has tenido un sueño lúcido, quizá te preguntes en qué se diferencia de un sueño normal, aparte de en el hecho de que eres al menos remotamente consciente de que estás soñando. Para empezar, los sueños lúcidos pueden ser extremadamente vívidos, con colores intensos y estímulos sensoriales que van más allá de lo visual. Doy fe de que el sentido del tacto, gusto, olfato y oído pueden resultar tan reales en un sueño lúcido como lo son estando en estado de vigilia, aunque no siempre es el caso. También hay una correlación entre soñar con algo como volar y despertarse justo antes del comienzo de un sueño lúcido.

Ten en cuenta que, a pesar de que todos los sueños lúcidos tienen cosas en común, cada persona lo vivirá a su manera porque el subconsciente crea lo que vemos cuando cerramos los ojos. Nuestras emociones, experiencias, puntos de vista y creencias contribuyen a las historias que se desarrollan mientras dormimos, así que los detonantes de lucidez varían de una persona a otra; lo que podría resultar inusual en la vida de alguien podría ser perfectamente viable en la de otro. Por ejemplo, si yo tengo pánico a las alturas y me encuentro escalando una montaña en mi sueño, es más probable que yo me cuestione si estoy soñando que una persona que escala por trabajo o *hobby*.

Ciertas técnicas pueden ayudar a inducir los sueños lúcidos. Desde un punto de vista práctico, querrás hacer lo posible por elevar tus vibraciones y preparar tu mente para que esté más receptiva antes de irte a dormir, y las actividades previas al sueño descritas en el capítulo 3 son maneras eficaces de hacerlo. Relajarte, evitar sustancias como el alcohol, las drogas o la cafeína, y hacer una comida ligera al menos dos o tres horas antes de meterte en la cama, te conducen a la lucidez. El ejercicio que aparece a continuación, y que implica dormir con cristales, también puede ayudarte a preparar el terreno para lograr su objetivo.

Esta actividad es similar a la rejilla de cristal descrita anteriormente, pero en vez de usar una base hecha de madera o tela, usaremos nuestro propio cuarto como base. Los cristales tienen la habilidad de dirigir y amplificar la energía, creando un ambiente más adecuado para los objetivos de nuestro trabajo onírico. Una sesión de sueño con cristales puede fomentar una vibración que esté en armonía con nuestro trabajo y lo potencie.

Cristales para los sueños lúcidos

Cuarzo rosa: es una piedra del corazón útil conocida por relajar la mente y generar una sensación de calma. Tiene también reputación de ayudar a dormir bien. Purifica las energías negativas y rodea a la persona de amor.

Piedras lunares: se asocian desde hace tiempo con las habilidades psíquicas y son, por lo tanto, bastante útiles a la hora de intentar tener sueños lúcidos.

Lapislázuli: se corresponde con el chakra de nuestro tercer ojo, considerado uno de los centros de intuición del cuerpo. Se considera una gema sagrada en muchas culturas, y me he dado cuenta de que es un aliado eficaz a la hora de crear sueños, dirigirlos y recordarlos.

Amatista: también está asociada con los sueños lúcidos, y es una piedra muy espiritual que ayuda a conectar con lo divino y el yo superior, así como a mejorar tu habilidad para hacer viajes astrales, incluyendo la proyección astral.

Lepidolita: es una conocida estabilizadora del estado de ánimo que tiene la habilidad de estimular la lucidez.

Cianita azul: es una piedra de alta frecuencia que promueve los sueños lúcidos y las habilidades psíquicas.

Calcita azul: promueve la relajación y una transición suave a los estados del sueño.

A excepción del cuarzo rosa, todos los cristales previamente mencionados se colocarán en el suelo o sobre un objeto estable, como una cómoda o un alféizar; en un espacio en el que no vayan a ser perturbados.

Corona

Tercer ojo

Garganta

Corazón

Plexo solar

Sacro

Raíz

Puntos de los chackras

En este ejercicio tienes la opción de colocar las piedras sobre cada uno de tus chakras o centros de energía (dependiendo de tu senda espiritual). Algunos cristales con propiedades beneficiosas que se corresponden con los chakras principales son los siguientes:

Chakra raíz: cristales de color rojo o naranja, como granate, jaspe rojo o piedra de sangre. Recomiendo mantenerse lejos de cristales como la hematita u obsidiana; aunque a menudo se relacionan con el chakra raíz, su intensa energía quizá interfiera con la lucidez.

Chakra sacro: cristales rojos o naranjas como cornalina, piedra del sol o calcita naranja.

Chakra del plexo solar: cristales principalmente amarillos, incluidos citrino, ojo de tigre y topacio.

Chakra del corazón: cristales rosas o verdes, incluyendo aventurina, kunzita rosa y rodonita. También puedes usar moldavita, pero es una piedra muy poderosa (técnicamente es un fragmento de meteorito) que puede ser tremendamente intensa.

Chakra de la garganta: cristales azules como sodalita, turquesa y aguamarina.

Chakra del tercer ojo: amatista, labradorita y azurita se corresponden con este chakra.

Chakra corona: cristales blancos o transparentes, como selenita, cuarzo claro o diamantes Herkimer.

Dado que las piedras pueden ser irregulares y salir rodando cuando cambiamos de posición, quizá prefieras usar una tira de cuentas de cristal de una tienda de artesanías, puesto que estas son más fáciles de colocar sobre el cuerpo y se quedarán en posición durante más tiempo. Normalmente, no coloco piedras en mis puntos de energía cuando hago este ejercicio porque cambio bastante de posición mientras duermo, pero es una opción. La forma de los cristales no es importante para esta actividad, pero considero que las torres y los puntos son los más efectivos a la hora de regular el flujo de energía. La única excepción es la piedra central o de corazón, el chakra del cuarzo rosa, que realmente debería ser una torre para lograr la máxima efectividad, aunque el tamaño no importa.

Todos los cristales que se usan en esta actividad están diseñados para elevar las vibraciones de la habitación y la persona, así como fomentar una energía más ligera. Asegúrate de purificar tus cristales antes de usarlos, y siéntete libre de añadir las mejoras que consideres, como difusores de aceite y música relajante de fondo. Por favor, ten en cuenta que cualquier cosa que implique encender un fuego o emplear una fuente eléctrica de calor puede suponer un riesgo de incendio. Recomiendo usar difusores de aceite con base de agua. Si cualquiera de los cristales que vas a usar es frágil, ponlo en una caja o recipiente para evitar que se rompa.

Dormir con cristales

(Por favor, vea la ilustración que hay tras las instrucciones).

Materiales necesarios

- Una torre de cuarzo rosa
- 2 piedras lunares arcoíris
- Un cristal lapislázuli
- Una lepidolita, cianita o calcita azul
- 4 cuencos pequeños
- Agua dulce
- Sal marina
- Piedras de los chakras (opcional)

Instrucciones

1. Limpia la habitación en la que vas a dormir para que el desorden sea mínimo y no haya bolas de polvo debajo de la cama. El espacio debería estar lo más desahogado posible para que la energía de los cristales pueda encontrarse y fluir con libertad.
2. Coloca un cuenco con agua dulce en cada una de las cuatro esquinas de la habitación. Si hay otras puertas en tu habitación (como la de un baño o armario), asegúrate de cerrarlas primero. Añade sal marina a cada cuenco para absorber cualquier energía negativa o pesada que pudiera

interferir con la lucidez. También es recomendable lanzar un círculo o proteger tu habitación.

3. Coloca el lapislázuli en el centro de la pared que hay frente a tu cama o cerca de ella.

4. Coloca la lepidolita, cianita o calcita azul detrás de tu cama. De no ser posible, ponla debajo de la almohada.

5. Coloca cada una de las piedras lunares en una estantería, mesita de noche o alféizar, a derecha e izquierda de tu cama.

6. Colocar el cuarzo rosa debajo de la cama, justo debajo del centro de tu cuerpo. Esta actúa como piedra focal y conducto para las energías de los otros cristales. Cuando hayas acabado, asegúrate de bajar la intensidad de la luz o apagarla del todo.

7. Túmbate en tu cama en una posición cómoda. Si usas las piedras de los chakras, túmbate bocarriba y coloca las piedras en sus chakras correspondientes.

8. Respira hondo varias veces. Cuando te sientas relajado, imagina que cada uno de los cristales empieza a iluminarse. Uno a uno, visualiza la energía que emana de cada uno de ellos, excepto del cuarzo rosa.

9. Cuando todos los cristales se hayan cargado de energía, imagina que el cuarzo rosa emana energía en forma de luz rosa. La energía asciende desde la punta del cuarzo rosa y conecta con la energía de los otros cristales para crear una rejilla que se eleva desde el suelo y asciende hasta el techo, de tal forma que las energías te rodean por completo.

10. Tómate un momento para declarar tu intención de tener un sueño lúcido. Si hay un sueño en concreto en el que te gustaría adentrarte, visualízalo durante unos segundos.

11. Cierra los ojos y empieza la transición al sueño.

12. Cuando despiertes a la mañana siguiente, asegúrate de desmontar la rejilla imaginando que las energías regresan a los

cristales hasta que la rejilla deje de estar activa. Retira los cristales de su sitio y tira el agua de cada cuenco por el desagüe o a la tierra para que se estabilice y transforme.

13. Toma nota de tus experiencias en tu diario de los sueños.

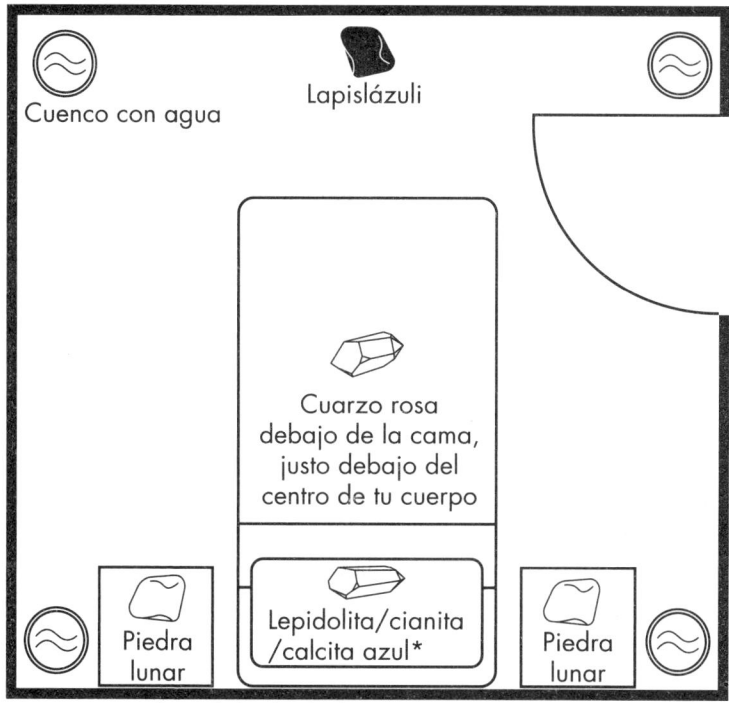

Cuenco con agua

Lapislázuli

Cuarzo rosa
debajo de la cama,
justo debajo del
centro de tu cuerpo

Piedra
lunar

Lepidolita/cianita
/calcita azul*

Piedra
lunar

*Debajo de la almohada o en una estantería detrás de la cama

Diagrama de cristales de los sueños

OTRAS TÉCNICAS PARA INDUCIR SUEÑOS LÚCIDOS

Stephen LaBerge es un defensor de lo que él llama la técnica de la inducción mnemotécnica de sueños lúcidos (MILD, por sus siglas en inglés). En esta técnica, la persona se despierta a sí misma en mitad de un sueño (con una alarma preestablecida) e inmediatamente se visualiza a sí misma estando de nuevo en el sueño antes de volver a quedarse dormida.[115] Otra técnica efectiva para alcanzar la lucidez, que una amplia gama de personas ha usado con éxito, es «la prueba de realidad» o «test de realidad».

La prueba de realidad implica preguntarte a ti mismo, con frecuencia, si estás soñando y es especialmente útil si te encuentras con algo estando despierto que se asemeja a lo que has visto o experimentado en sueños. Según Stephen LaBerge, esto debe hacerse al menos entre cinco y diez veces al día.[116] Aunque coincido en que la premisa de la prueba de realidad es válida, no me ha resultado factible parar mis actividades diarias para preguntarme a mí misma seriamente si estoy durmiendo. Normalmente, se me olvida o me distraigo con lo que sea que estoy haciendo o por exigencias familiares. Por fortuna, he tenido éxito combinando el test de realidad de LaBerge con las técnicas mnemónicas de Robert Monroe, del Instituto Monroe.

En vez de intentar recordar o destinar una parte de cada día a una prueba de realidad, Monroe recomienda asociar el test de realidad con una acción específica o señal visual.[117] Por ejemplo, cada vez que pases por una puerta o miras un reloj, pregúntate si estás soñando. La premisa de las técnicas de Monroe y LaBerge es que, cuando se hace con la regularidad suficiente durante días o semanas, se crea un hábito que se trasladará a los sueños. Por lo tanto, cuando pases por una puerta o veas un reloj en un sueño, te preguntarás automáticamente si estás soñando.

Sin embargo, no basta simplemente con hacer la prueba de manera mecánica. Debes llegar a un punto en el que verdaderamente te cuestiones el estado en el que te encuentras. Una manera de hacer que tus pruebas de realidad sean más auténticas, es comprobar el

---

115. Belanger, Michelle (2006), p. 141.
116. Rock, Andrea (2005), p. 164.
117. Belanger, Michelle (2006), p. 144.

estado en que te encuentras intentando hacer algo que no serías capaz de hacer en estado de vigilia. Algunos ejemplos comunes incluyen taparse la nariz y ver si aun así puedes respirar, mirarte al espejo e intentar cambiarte el color del pelo mediante la fuerza del pensamiento, tratar de mover las agujas de un reloj con la mente o intentar atravesar con el dedo un objeto sólido, como tu mano. (Basándome en mis propias experiencias, sugiero encarecidamente hacer estas actividades donde nadie más pueda verte para evitar percepciones erróneas y preguntas incómodas). Empezarás a llevar a cabo estas pruebas de realidad habitualmente en sueños para determinar si estás soñando o no, así que piensa en pequeños tests creativos.

Otra manera de comprobar si estás o no soñando, es tomar un objeto que sea habitual en tu vida consciente y que aparece de vez en cuando en tus sueños, aunque sea de fondo. Este objeto debe ser algo específico y lo suficientemente único para hacer que verdaderamente te detengas y te percates de su presencia en tu sueño. Un edificio o un animal probablemente sean demasiado generales como para llamar tu atención. Elegir un objeto más concreto —como una lechuza o una casa de dos plantas con porche envolvente— hace que sea más probable que destaque. Para profundizar aún más en esta técnica, tómate un tiempo cada día para observar el objeto real o una foto de este. Cuanto más te concentres en visualizar esta imagen, más probabilidades tendrás de que aparezca en tus sueños como señal para que hagas una prueba de realidad.

A veces, Stephen LaBerge usaba algo tan simple como un marco de fotos como señal. Para usar esta técnica, simplemente hazte con un marco vacío y colócalo en tu mesita de noche o en algún lugar cerca de tu cama. A mí, personalmente, me gusta usar un espejo de adivinación hecho a partir de un marco de fotos; se puede hacer fácilmente poniendo un trozo de cartulina negra lisa allí donde iría la foto. Antes de dormir, declara tu intención de estar consciente en sueños, y concéntrate en el marco a la par que te visualizas alcanzando la lucidez mientras duermes. Si hay un escenario onírico concreto en el que deseas poner en práctica tu lucidez, visualiza este sueño o utiliza un dibujo o carta de tarot que lo represente. El dibujo o carta de tarot no solo le comunica a tu subconsciente tu deseo de alcanzar la lucidez, sino que también puede desencadenarla si ves la imagen en tus sueños.

Las siguientes recetas de incienso y aceite pueden potenciar tu capacidad para tener sueños lúcidos si se usan en conjunto con la técnica de la prueba de realidad anteriormente descrita.

Incienso del sueño lúcido

Este incienso es más efectivo si se prepara durante la segunda mitad de la luna creciente. Recomiendo quemarlo antes de ir a dormir como parte de la preparación para tener sueños lúcidos.

Ingredientes

- Tarro de cristal
- Fragmento de ámbar o piedra de oro azul (*blue goldstone*)
- Pequeños fragmentos de incienso y resina de mirra
- Pequeños fragmentos de resina de sangre de dragón
- ½ cucharada de canela
- 2 cucharadas de polvo o virutas de sándalo. (Ten en cuenta que el sándalo está en riesgo de sobreexplotación. Si no sabes con seguridad si el sándalo que pretendes usar se cosechó de manera sostenible, utiliza aceite de sándalo o incienso en su lugar).
- 4 o 5 gotas de aceite de clavo (recomiendo usar un aceite esencial en vez de una fragancia)
- 3 o 4 gotas de aceite esencial de menta

Instrucciones

1. Muele el incienso, la mirra y la resina de sangre de dragón hasta formar pequeños trozos o crear un fino polvo. Échalo al tarro.

2. En otro cuenco no metálico, mezcla el sándalo y la canela, y añade los aceites de clavo y menta. (Nota: La cantidad de aceite incluida en esta receta es una sugerencia. Recomiendo experimentar con la cantidad para que el aroma sea de la intensidad que desees).

3. Vierte la mezcla de hierbas y aceites en el tarro de cristal.

4. Coloca bien la tapa en el tarro y agítalo vigorosamente entre 4 y 5 veces.

5. Una vez que esté bien mezclado, coloca cornalina o piedra de oro azul en el fondo del tarro.

6. Deja el tarro bajo la luna creciente o llena durante tres noches. Si no puedes dejarlo fuera, déjalo en un alféizar o cerca de una ventana, preferiblemente con vistas a la luna. (Asegúrate de retirar la jarra antes de que la luna empiece a menguar). Para usar el incienso, colócalo en un disco de carbón sobre un caldero, cuenco o quemador de incienso resistente al fuego y diseñado para el incienso en grano.

Receta del aceite del sueño lúcido

Puedes usar este aceite para ungirte antes de irte a dormir, puesto que hará que aumenten las probabilidades de tener éxito con los sueños lúcidos. El loto azul y el aceite de geranio son conocidos por ayudar a inducir sueños lúcidos. El pachulí alivia la ansiedad y actúa de ancla para ayudarte a permanecer en el sueño lúcido. El romero ayuda a recordar, tanto en estado de lucidez onírica como en estado de vigilia. La salvia sclarea es un relajante que también proporciona claridad. (Muchas personas, incluida yo, al oler este aceite han dicho experimentar una sensación similar a una ligera intoxicación). Por último, el aceite de rosas aporta una energía suave pero protectora.

Asegúrate de usar aceites esenciales en vez de fragancias. Los aceites esenciales no solo son mejor para ti, sino que preservan las propiedades y vibraciones de las plantas de las que provienen. Si deseas un difusor de aceite en vez de ungirte, omite el aceite portador de la receta. Mantén tu preparado lejos de la luz directa del sol y fuera del alcance de niños y mascotas. Además, asegúrate de que no haya mascotas en la habitación cuando uses el difusor de aceite, puesto que muchos aceites pueden ser tóxicos para animales domésticos.

Ingredientes

- Frasco cuentagotas de cristal de color (por ejemplo, azul cobalto o ámbar) para ayudar a preservar el aceite
- Entre 30 y 60 ml de aceite portador (yo uso de almendras dulces, pero puedes usar otros, como aceite de oliva o de semilla de uva)
- 2 gotas de aceite de geranio
- 3 o 4 gotas de aceite de pachulí
- 2 o 3 gotas de aceite de romero
- 3 gotas de salvia sclarea
- 4 gotas de aceite de rosas (como alternativa, se puede utilizar el aceite esencial de neroli en caso de ser necesario)
- 2 gotas de loto azul o 3 o 4 trozos pequeños de pétalos de flor de loto azul

Instrucciones

1. Rellena ¾ del frasco cuentagotas con aceite portador.
2. Añade los aceites esenciales en el orden en el que aparecen en la lista anterior.

3. Añade el aceite de loto azul o los 3 o 4 trozos de flor de loto azul (molidos).

4. Ponle el tapón al frasco. Agita la mezcla 4 o 5 veces mientras te concentras en el propósito del aceite. En una noche en la que quieras alcanzar y mantener la lucidez en sueños, utiliza el aceite para ungirte el espacio entre tus ojos (el chakra del tercer ojo) antes de irte a dormir.

Si has adaptado la receta para preparar un aceite difusor, simplemente pon 3 o 4 gotas en tu difusor con base de agua y mantenlo encendido mientras duermes. (No recomiendo usar nebulizadores ni difusores sin agua, puesto que pueden desprender un olor más intenso que resulte en distracción. También sugiero no utilizar nunca nada que requiera calor o fuego mientras duermes, incluso si puede programarse para que se apague solo).

Alcanzar la lucidez puede ser muy emocionante, pero es precisamente esa emoción lo que puede hacer que se nos escape un sueño lúcido. Para mantenerte en estado de lucidez, es importante encontrar el equilibrio entre reconocer dicho estado y permanecer dentro del sueño. La mejor forma de conseguirlo es mantener la calma y poner en práctica el desapego emocional, una actitud parecida a la de la meditación. Antes de hacer cualquier cosa, respira hondo y mira a tu alrededor. ¿Qué ves? Permanece en el rol del observador durante unos instantes.

Agudizar tus sentidos puede ayudarte a estabilizar tu lucidez. En su libro, *Las enseñanzas de Don Juan*, el antropólogo Carlos Castaneda recuerda cómo su mentor, Don Juan, le indicaba que «agudizara sus sentidos mediante la observación atenta de sus manos al alcanzar un estado de lucidez onírica».[118] Mientras que algunos sostienen que los libros de Castaneda sobre Don Juan

---

118. Garfield, Patricia (1995), p. 172.

eran ficción, los métodos que su mentor supuestamente compartió con él parecen estar basados en descripciones reales de técnicas para mantener la lucidez. A modo de ampliación del método de la agudización de los sentidos ya descrito, Stephen LaBerge descubrió que girar sobre sí mismo en estado de lucidez le ayudaba a permanecer en dicho estado durante más tiempo.[119] Personalmente, mantener una conversación con personajes oníricos también ayuda a afianzar mi inmersión en el sueño.

SEÑALES Y DESENCADENANTES DE SUEÑOS LÚCIDOS

Los métodos que se comparten en este capítulo para reconocer, participar en los sueños lúcidos y prolongarlos, han demostrado ser muy efectivos tanto en varias investigaciones a lo largo de los últimos años como en mi experiencia personal. Sin embargo, estas estrategias pueden resultar abrumadoras a veces. Si empiezas a frustrarte o no estás satisfecho con tus resultados, lo mejor que puedes hacer es centrarte en ser consistente con tu diario de los sueños y repasarlo con regularidad. Hacerlo revelará sueños repetitivos que pueden desencadenar la lucidez activa en sueños para que participes en ellos en vez de limitarte a observar.

Habiendo escrito un diario de los sueños de manera consistente durante alrededor de treinta años, sé que cuando estoy muy estresada, tiendo a soñar que me pierdo en un aeropuerto (perdiendo, por lo tanto, mi vuelo) y que llego a Disneyland justo cuando están cerrando el parque. En algunos casos, puedo entrar, pero mis atracciones favoritas —como la Mansión Encantada— son una réplica poco conseguida de la verdadera. (¡Que te paseen en un pequeño vagón rojo por una casa oscura

---

119. LaBerge, Stephen (2009), p. 28.

y polvorienta en la que adultos con mantas saltan de repente y gritan «¡Bu!», no es la experiencia que tenía en mente al subirme a la atracción!). Aunque estos sueños pueden resultar muy estresantes, irritantes y decepcionantes, ahora soy capaz de reconocerlos cuando empiezan y estoy en ese punto en que me doy cuenta enseguida de que estoy soñando, transformando, de este modo, un sueño estático en uno en el que puedo moldear la historia.

Para la mayoría de las personas, aprender a alcanzar la lucidez en sueños lleva tiempo, práctica y mucha paciencia. ¡No te rindas si no lo consigues a la primera! Las técnicas del siguiente capítulo para la manifestación de sueños y los paseos oníricos pueden ayudarte a mejorar tus sueños lúcidos. Además, tal vez resulte divertido probarlas en uno de ellos.

9

INCUBACIÓN DE SUEÑOS
Y SANACIÓN

No debes confundir el concepto «tejer sueños» con la canción *Dream Weaver* («Tejedor de sueños») de Gary Wright. Es el término que yo uso para designar la magia que trae consigo sueños específicos o un tipo concreto de sueños; se puede intercambiar por «incubación de sueños» o «manifestación de sueños». En esencia, cuando dormimos, el subconsciente teje un mosaico de historias que se reproducen en la mente. Es como si los pensamientos e imágenes encerrados en el subconsciente conformaran la hebra que se enrolla en el huso. Es nuestro subconsciente el que, con la ayuda de nuestro cerebro y nuestro cuerpo, lleva a cabo la tarea de tejer. La confección de sueños es el arte de la colaboración entre la mente consciente y el subconsciente para crear bellos patrones y luminosas obras de arte que son más intencionadas que aleatorias.

BENEFICIOS E HISTORIA DE LA INCUBACIÓN DE SUEÑOS

La mejor manera de describir la manifestación onírica es como una colaboración entre la mente consciente y subconsciente;

mientras que nuestra mente consciente puede dirigir nuestros sueños, es la subconsciente la que hace la mayor parte del trabajo, seleccionando los símbolos, recuerdos y metáforas visuales que conforman el escenario onírico. Como con los sueños lúcidos, crear el argumento de nuestros sueños puede conllevar cierto esfuerzo, pero también muchos beneficios. Muchos científicos e individuos conocidos por sus inquietudes creativas creen que el modo en el que opera nuestro organismo mientras dormimos estimula la creatividad. Por ejemplo, se rumoreaba que el artista Jasper Johns había trabajado deliberadamente con sus sueños para pintar su cuadro más famoso, *Flag*.

Acceder a la creatividad en nuestros sueños no solo nos ayuda a crear obras maestras o invenciones innovadoras, también nos puede ayudar a encontrar soluciones a problemas difíciles. Puesto que nuestro subconsciente es quien está al mando, cuando dormimos tenemos mayor acceso a todos los recuerdos, ideas y habilidades que hemos acumulado a lo largo de nuestra vida. Poner en práctica la incubación de sueños nos ayuda a acceder a estos beneficios y mucho más, y prepara el terreno para manifestar los sueños que deseamos.

Un gran abanico de culturas a lo largo de la historia han empleado la incubación de sueños, incluyendo los hebreos, egipcios, musulmanes y diversas culturas asiáticas. Según Patricia Garfield, se han encontrado fórmulas para la incubación de sueños en documentos que datan del año 3000 a. C. en regiones como Oriente Medio, Egipto, India y China.[120] Según ciertas teorías, tal vez incluso la gente de la Edad de Piedra se retiraba a sus cuevas o dormía en tumbas sobre pieles de animales para facilitar la confección de sueños.

---

120. Garfield, Patricia (1995), p. 49.

Algunos de los métodos de los que hay registro, como los de tribus indígenas, pueden parecer bastante extremos: frotarse cobaya viva por el cuerpo, clavarse astillas en la piel y dormir en árboles son todas técnicas que han sido registradas en algún momento.[121] Afortunadamente, querido público lector, no tenemos que llegar hasta ese punto para manifestar nuestros sueños. Investigaciones sobre el protocolo de los famosos templos oníricos griegos nos pueden ayudar a desarrollar prácticas más accesibles.

En documentos escritos de la antigua Grecia hay pruebas de su fe en el poder de los sueños. Además, el pueblo griego era conocido por sus rituales de incubación de sueños. Incluso filósofos famosos, como Plutarco, escribieron acerca de casos exitosos de sanación onírica. Plutarco narra la historia de un obrero que, mientras ayudaba a construir la Acrópolis, se cayó y se hirió gravemente.[122] El gobernador de Atenas, Pericles, estaba conmocionado por la tragedia, puesto que no le dieron al obrero un buen pronóstico. Poco después, Atenea visitó a Pericles en sueños y le explicó cómo sanar al obrero. El gobernador siguió sus instrucciones y el obrero se curó de sus heridas.

Algunos griegos practicaban la incubación de sueños en tumbas, donde se creía que podían encontrarse los espíritus de los fallecidos, haciendo que fuese más fácil acceder a su sabiduría. Sin embargo, la mayor parte de la incubación de sueños parece haber tenido lugar en templos. Se hallaron templos dedicados a Asclepio, dios de la medicina, no solo en Grecia, sino también en España, Italia, Bulgaria, Asia Menor y el norte de África.[123]

El principal templo de Asclepio se encontraba en una pequeña ciudad griega llamada Epidauro. Los historiadores aseguran

---

121. Peisel, Thomas; Tuccillo, Dylan y Zeizel, Jared (2013), p. 208.

122. Tick, Edward (2001), p. 79.

123. *Ibid.*, p. 5.

que la incubación de sueños con propósitos curativos se originó allí alrededor del año 600 a. C.[124] Los griegos del momento consideraban que la incubación de sueños podía conducir a posibles mejoras de la salud física y mental. La mayoría de los que buscaban respuestas en sueños, probablemente iban tras la cura de alguna condición física, pero la incubación de sueños también se usaba para la sanación emocional y espiritual. El emperador romano Marco Aurelio (121-180 d. C.) creía que el principal objetivo de la medicina no era curar las dolencias físicas, sino utilizar nuestros males para «restaurar el bienestar y la integridad de nuestras almas y revelar nuestros destinos».[125]

Dado el estrés y la agitación que normalmente impregna nuestras vidas, el acceso a recursos que nos ayuden a mantener una buena salud mental es aún una preocupación relevante para nosotros. Lo que ocurre en nuestros sueños puede tener un efecto notable en nuestra salud mental y, en algunos casos, la física, así como en nuestro comportamiento en estado de vigilia. Asimismo, nuestra salud mental y desconexión espiritual puede manifestarse mediante dolencias físicas, afirmación en la que se basa el propósito de la incubación de sueños y sanación puestas en práctica en varios templos de la antigua Grecia.

RITUALES DE INCUBACIÓN DE SUEÑOS

Gracias a la exhaustiva investigación de historiadores, arqueólogos y otros científicos, tenemos una gran cantidad de información sobre lo que ocurría exactamente antes, durante y después de la incubación de sueños. Aunque había múltiples santuarios de sueños

---

124. *Ibid.*, p. 6.
125. *Ibid.*, p. 215.

asignados a diferentes deidades, los dedicados a Asclepio eran algunos de los más populares. Los antiguos griegos recorrían largas distancias en busca de remedios del mismísimo dios de la sanación o la serpiente enroscada en su bastón sanador. Al igual que ocurría con los misterios griegos de Eleusis, la práctica de la sanación onírica sobrepasaba los roles de clase.

Estuviese en el escalafón social más alto, o en el más bajo, cada participante dejaba su ropa y su estatus atrás en el mundo exterior; a nadie se le daban instrucciones especiales distintas a las que se le daban a otros buscadores de sueños. En la mayoría de los casos, en los templos de Asclepio todos seguían el mismo procedimiento: purificarse mediante baño ritual, vestirse con una bata blanca al salir del baño, y presentarse a los sacerdotes del templo. En algunos casos, se hacían sacrificios para calmar a Asclepio y ganarse su favor.

Tras presentarse a los sacerdotes, estos determinaban si esa persona tenía una actitud receptiva antes de iniciar la incubación. Si consideraban que no estaba preparada, la echaban y le indicaban que volviese otro día. En caso de estar preparada, la llevaban al *abaton*, la alcoba del templo. Las cámaras oscuras del *abaton* eran estrechas y similares al viente materno, un diseño intencionado que representaba el descenso al subconsciente y el regreso al origen de las heridas de la persona.[126]

En ocasiones, la gente dormía sobre pieles animales o era envuelta en vendajes que se retiraban una vez completado el periodo de incubación.[127] El buscador intentaba dormir en la cámara y permanecer en ella el tiempo que fuese necesario hasta recibir un sueño sanador. De tener éxito, Asclepio adoptaría la

---

126. Tick, Edward (2001), p. 30.

127. Matthews, Caitlin y Matthews, John (1994), *The Encyclopedia of Celtic Wisdom*, Rockport, Element Books, p. 334.

forma de un humano, serpiente o perro, y visitaría al buscador en sueños para, o bien curarlo, o bien ofrecerle consejo médico basándose en su condición.

Pérgamo (actualmente conocida como Bergama, Turquía) es uno de los centros de sanación más famosos asociados con Asclepio y la incubación de sueños. Se dice que un fragmento inscrito allí contiene las instrucciones para un antiguo ritual de sueño sanador. El autor Edward Tick da las siguientes pautas para un ritual de incubación de sueños [128]:

- Purificación con agua.
- Vestir con una túnica de color blanco puro y llevar guirnaldas de brotes de olivo. La persona no debe llevar ningún otro accesorio, como cinturones o joyas, y debe ir descalza.
- Transición a un espacio liminar para que la persona sienta que deja atrás la realidad mundana al adentrarse en el santuario. Una vez dentro del *abaton*, pasa un largo periodo de tiempo allí —a veces hasta diez días— para desvincularse de su día a día.
- La persona puede ser sometida a cambios dietéticos que pueden incluir la abstinencia de ciertos tipos de alimentos, así como ayuno.
- Participación en otras actividades purificadoras, como baños rituales, saunas o baños de vapor. También incluyen el celibato, meditación y largos periodos de silencio.

La intención de estas indicaciones era modificar la química del cuerpo de una persona e interrumpir el espacio-tiempo para inducir un estado alterado de conciencia. Si el buscador no era

---

128. Tick, Edward (2001), p. 164.

capaz de interpretar el sueño, uno de los sacerdotes le ayudaría a aclarar su confusión.

BENEFICIOS PARA LA SALUD DE LA INCUBACIÓN DE SUEÑOS

Aunque pueda parecer un proceso sanador fantasioso, y quizá inefectivo, hay documentos históricos que sugieren que la incubación de sueños era, de hecho, efectiva. Se han hallado muchas inscripciones de curas obtenidas por medio de la incubación de sueños que datan del siglo IV a. C. en la zona del templo de Asclepio en Atenas. El famoso autor y filósofo griego Plinio el Viejo[129] afirmó que Hipócrates, el padre de la medicina, aprendió el arte de la sanación anotando y estudiando curas registradas por practicantes de la incubación de sueños en uno de los templos de Asclepio.[130] Además de ofrecer remedios, los sueños incubados pueden advertirnos de condiciones físicas de las que quizá no estamos al tanto.

La premisa de que la incubación de sueños puede ser de gran utilidad tiene cierto respaldo científico. Los sueños nos aportan imágenes, y los estudios demuestran que nuestros cuerpos no distinguen entre las visualizaciones deliberadas y los eventos reales. Varias instituciones médicas y organizaciones, incluyendo la clínica Mayo y la empresa John Hopkins Medicine, han dado fe de que la visualización guiada puede ayudar a mitigar los síntomas de una variedad de dolencias, como alergias, diabetes, enfermedades cardiovasculares y síndrome del túnel carpiano.

---

129. Apelativo por el cual se le conoce para distinguirlo de su sobrino, conocido como Plinio el Joven, a quien Plinio adoptó tras la muerte de su hermana. *(N. de la T.)*
130. Edward Tick (2001), p. 90.

El doctor O. Carl Simonton, investigador de cáncer y oncólogo radioterápico, llevó a cabo un estudio sobre la efectividad de las imágenes a la hora de ayudar a sanar pacientes de cáncer. Declaró que los pacientes con cáncer en fase avanzada que utilizaban la visualización curativa junto con la radiación y la quimioterapia, sobrevivían de media el doble de lo que se esperaba con base en la media nacional para personas en su estado.[131] Los estudios han demostrado que bajo hipnosis profunda, las personas pueden a veces ejercer cierto control sobre sus funciones corporales, como alterar su ritmo cardíaco o respiratorio, y ralentizar o frenar el sangrado. Dado que nuestro subconsciente no está atado a las limitaciones del mundo consciente, es razonable pensar que estos mismos cambios pueden producirse en estado de sueño.

CREANDO UN TEMPLO PARA LA INCUBACIÓN DE SUEÑOS

La siguiente actividad ofrece unas guías básicas para montar un templo para la incubación de sueños y llevar a cabo un ritual en el plano físico. Las actividades descritas más adelante en este capítulo harán referencia a templos de los sueños creados en el plano astral, pero tener un espacio físico que puedas usar para la incubación de sueños es beneficioso, especialmente si no tienes experiencia en esto. Las pautas para crear tu templo de los sueños son solo eso, pautas. Utiliza tu creatividad para hacer de este espacio algo tuyo. Tener una habitación especial dedicada a la incubación de sueños puede resultar útil, puesto que tu mente la asociará con la magia onírica y podrás sentir intensamente tu

---

131. LaBerge, Stephen (2009), p. 34.

energía única después de un uso prolongado del templo. Sin embargo, quizá no siempre sea posible o práctico preparar una habitación o espacio aparte para usar a modo de templo de los sueños permanente, y no pasa nada. Los elementos del ritual y cómo prepares el espacio cuando lo lleves a cabo serán la clave para llevar tu mente a un estado receptivo necesario para que la magia onírica funcione.

El propósito de crear un templo para la incubación de sueños es establecer un espacio sagrado para manifestar sueños que incluyan, entre otros, sueños sanadores. Cuando uso mi templo, atenúo las luces y creo un círculo con velas. (Sugiero utilizar velas eléctricas u otras fuentes de luz porque permanecerás en ese espacio durante bastante tiempo, y no quieres estar pensando en si las puedes volcar o provocar un incendio. Las fuentes de luz se apagarán antes de dormir; estarás en plena oscuridad mientras sueñas).

Quemar incienso y lanzar un círculo son dos formas en las que marco el espacio como sagrado y me preparo mentalmente para el trabajo que tengo por delante. Tu templo de los sueños debería estar tan despejado y limpio como sea posible para asegurar el correcto flujo de energía. También me gusta poner de fondo, a bajo volumen, tamborileo chamánico u otra música de temática espiritual para ayudar a inducir un estado similar al trance. Incorporar estatuas o representaciones de aliados oníricos y de la magia onírica en general puede elevar la energía del lugar.

Como he mencionado anteriormente, las habitaciones y tumbas en las que solían dormir los buscadores estaban muy oscuras, y no era raro dormir envuelto en vendajes o pieles animales. Para crear una experiencia similar, sugiero que te envuelvas con una manta pesada o lastrada. También me parece útil usar una almohadilla para los ojos o una pequeña y simple almohada rellena de arroz que puedas colocar sobre tus ojos. Recuerdo que una vez leí que mientras practicaban Imbas Forosnai (magia profética), las druidas colocaban piedras sobre sus ojos para bloquear cualquier estímulo sensorial. Aunque por desgracia no recuerdo dónde lo leí, te puedo decir basándome en mi propia experiencia, que colocar algo ligero, como una almohada, sobre tus ojos, parece ayudar a que la mente haga más rápido la transición a un estado propicio para la incubación de sueños y la profecía.

Una vez que esté montado el templo de los sueños, lleva a cabo el siguiente ritual para la incubación de sueños. (Nota: Puedes hacer esto para ti o actuar en representación de alguien, siempre y cuando tengas su permiso. De ser este el caso, asegúrate de decir claramente a quién representas y cuál es su petición).

Ritual de la incubación de sueños para sanar

Materiales necesarios

- Velas eléctricas u otra fuente de luz tenue
- Encendedor
- Incienso
- Bata u otra prenda de ropa cómoda
- Manta pesada o lastrada
- Almohadilla de los sueños o antifaz para dormir
- Almohada para tu cabeza
- Papel *flash*[132], bolígrafo, además de un caldero u otro recipiente resistente al fuego
- Música (opcional)
- Fuente de ruido blanco (opcional)
- Diario de los sueños y algo con lo que escribir

---

132. Papel que se quema rápido sin dejar rastro de humo ni cenizas. Comúnmente utilizado por los magos en sus trucos. *(N. de la T.)*

- Hierbas oníricas y aceites para un baño ritual
- Agua y un tentempié ligero

Instrucciones

1. Purifica el espacio de tu templo de los sueños con el método con el que más te identifiques. Puedes usar sonido, humo sagrado, rociarlo con agua y rituales de limpieza energética. Apaga tu teléfono y otros dispositivos electrónicos para asegurarte de que no te interrumpen.

2. Deja tu templo de los sueños y ve a darte un baño ritual en silencio usando una o más de las hierbas oníricas o aceites incluidos en el listado del apéndice C. Siéntete libre de usar velas también para crear un ambiente relajante. Cierra los ojos y tómate unos instantes para apreciar que el agua te mantiene en un espacio liminar.

3. Cuando hayas salido de la bañera y te hayas secado, ponte una bata o cualquier otra prenda de ropa cómoda. Ve hasta el templo en silencio. (En este paso, te sugiero que lleves contigo agua y un tentempié por si necesitas volver a conectarte con la tierra cuando despiertes. También querrás llevar tu diario de los sueños y algo con lo que escribir).

4. De pie en el centro de la habitación, lanza un círculo en tu templo de los sueños.

5. Enciende velas e incienso y completa cualquier otra preparación necesaria para que tu templo esté listo.

6. Sentado en el centro del círculo, prepara el espacio en el que vas a dormir, incluyendo tu manta, almohada y lo que sea que utilices para cubrirte los ojos: almohadilla para los ojos, antifaz para dormir o incluso una bufanda fina y oscura.

7. Visualiza tu intención de sanar. Sé claro sobre la condición médica de la que quieres saber más y sanar. También

podrías pedir información sobre cualquier condición médica o punto débil del que no estás al tanto. Escribe tu propósito (y el nombre de la persona a la que representas de ser ese el caso) en un trozo de papel *flash*. Sobre un caldero o cualquier otro recipiente resistente al fuego, quema el papel. Esto enviará inmediatamente de manera simbólica tu propósito al mundo de los sueños.

8. Tómate un tiempo para meditar y sentarte en silencio.

9. Cuando estés listo, apaga velas, luces e incienso. Asegúrate de apagar la música si crees que interferirá con tu sueño. Si eliges dormir con música puesta, asegúrate de que es solo instrumental y no es molesta. Si te preocupa que otros ruidos de tu entorno puedan distraerte, el sonido blanco tal vez sea la mejor opción, ya sea en un vídeo *online* o una lista de reproducción, o con una máquina. Aunque el ruido blanco es más efectivo con auriculares, puede usarse sin ellos.

10. Túmbate en una posición cómoda y envuélvete en la manta. Cierra los ojos y coloca sobre ellos la almohadilla o el antifaz para dormir. Haz diez respiraciones profundas mientras piensas en tu propósito. Continúa declarando tu intención y pensando en ella mientras te duermes.

11. Toma nota de tus sueños en tu diario cada vez que despiertes. Cuando ya no desees dormir más, abre el círculo. Asegúrate de beber un poco de agua y de comer algo si sientes un ligero mareo.

12. Más tarde ese mismo día, ojea tu diario de los sueños para ver si puedes hallar alguna prueba de que has sanado o has recibido información médica. Si has actuado en representación de alguien, asegúrate de compartir la información con esa persona.

Puede llevarte un tiempo interpretar tu sueño, y tal vez tengas que repetir el proceso unas cuantas veces para lograr la información o sanación que deseas.

OTROS MÉTODOS Y VENTAJAS DE MANIFESTAR SUEÑOS

Practicar la incubación de sueños puede hacer que nuestras vidas conscientes sean más satisfactorias, una creencia compartida por varias culturas a lo largo de la historia. Además, no todos los rituales de manifestación de sueños tenían lugar en un templo. En su libro *Celtic Visions* («Visiones celtas»), Caitlin Matthews hace referencia a un ritual tradicional escocés de confección de sueños que en algún momento se usó para localizar a personas desaparecidas.[133] Cuando un barco no volvía a casa, «se le pedía a una mujer virgen de mente fuerte que durmiera y mandase a su espíritu a buscar su paradero... Al despertar, con base en el informe de su sueño, enviarían a rescatadores a buscar el naufragio o cualquier superviviente».[134]

Por fortuna, la manifestación de sueños se puede llevar a cabo de maneras muy distintas, independientemente de si tenemos un templo de los sueños físico o seguimos los pasos prescritos por los antiguos griegos. Tal vez haya ocasiones en las que no tengamos acceso a un espacio onírico sagrado y tangible, y quizá no tengamos ni el tiempo ni la habilidad para llevar a cabo un rito de purificación de incubación de sueños y un ritual. Como mencioné en un capítulo anterior, las personas que tienen una imaginación vívida tienden a tener aptitud para el trabajo onírico.

---

133. Matthews, Caitlin (2012), *Celtic Visions: Seership, Omens, and Dreams of the Otherworld*, Londres, Watkins Publishing, p. 39.

134. *Ibid.*, p. 39.

Tiene sentido, por lo tanto, que nuestra imaginación sea una de las claves para resolver los misterios de cómo se crean nuestros sueños. La visualización creativa puede sentar las bases de una práctica efectiva de manifestación de sueños.

Cuando nos perdemos en nuestra imaginación, la experiencia es similar a lo que ocurre cuando estamos soñando porque puede resultar desorientadora. ¿Alguna vez has estado absorto en una ensoñación tan vívida y envolvente que en aquel momento era como si lo que ocurría a tu alrededor no existiese? Si podemos crear una experiencia tan intensa usando tan solo nuestra mente durante las horas de vigilia, no hay razón por la que no podamos crear y visualizar algo igual de poderoso en sueños.

Para maximizar la efectividad de la visualización, debemos sumergirnos en el tema sobre el que deseamos soñar tanto como sea posible, hasta quedarnos dormidos. Ya hemos visto que los pensamientos conscientes pueden tener un gran impacto en el contenido de nuestros sueños. Como señala Patricia Garfield, «es probable que la concentración intensa en cualquier tema, induzca sueños relacionados con él».[135]

Como he mencionado anteriormente, el cerebro reacciona de la misma forma a pensamientos y sucesos reales. En un estudio, un grupo de atletas se sometió a una electromiografía (EMG), que mide los impulsos eléctricos del cuerpo. La investigación reveló que la actividad eléctrica de estos sujetos era la misma independientemente de si hacían un ejercicio o simplemente pensaban en él.[136] La visualización creativa y la inmersión mental en aquello sobre lo que deseamos soñar son claves, aunque también se necesita un tercer elemento para tener éxito: propósito.

---

135. Garfield, Patricia (1995), p. 63.
136. Peisel, Thomas; Tuccillo, Dylan y Zeizel, Jared (2013), p. 54.

Tejer sueños es parecido a lanzar un hechizo: debes ser muy claro con tu intención y expresarla, normalmente en voz alta. Cuanto más intensas sean tus emociones y tu deseo a la hora de intentar tejer sueños, más probabilidades tendrás de alcanzar tu objetivo. Esto también puede ayudar a que recuerdes el sueño con mayor claridad. Finalmente, cuanta más fe tengas en ti y en un resultado positivo, más probabilidades tendrás de que tus esfuerzos den sus frutos.

Programación de un cristal para la manifestación de sueños

Un método muy simple para manifestar un sueño concreto es programar un cristal. El cuarzo transparente es lo que mejor funciona. Asegúrate de purificar el cristal antes de cargarlo con tu intención.

1. Para empezar, materializa tu intención. Escribir tu propósito es clave para ser claro y conciso. Usando un lenguaje positivo, escribe sobre lo que quieres soñar concretamente, visualizándolo a medida que lo haces.
2. Sostén el cristal en la mano derecha y míralo fijamente. Despeja tu mente todo lo posible.
3. Con el cristal en la mano, lee tu propósito en voz alta tres veces, seguidas de la afirmación: «Así como lo deseo, así será», o alguna variante de esta.
4. Visualiza tu sueño. Cuando lo veas todo lo claro posible, imagina que la visualización se proyecta sobre el cristal. Si tienes dificultades para visualizarlo, también puedes usar tus otros sentidos, como el oído o el tacto. Céntrate en los sonidos y sensaciones que el sueño provoca en ti e imagina que esos se adentran también en el cristal.

5. Una vez que hayas terminado de volcar tu sueño y propósito en el cristal, imagina que hay energía que asciende del suelo y desciende del cielo hasta alcanzar tu cuerpo. Concentra la energía en tu mano derecha y visualiza su creciente intensidad.

6. Cuando sientas que la energía en tu mano derecha tiene el poder suficiente, imagina que envuelve el cristal y lo llena.

7. Coloca tu cristal en tu altar para cargarlo. Puedes renovar o aumentar su carga colocándolo bajo la luna llena o junto a un fragmento de selenita.

8. Cuando estés listo para manifestar tu sueño, coloca el cristal cerca de ti o bajo tu almohada. También puedes sostener el cristal en la mano mientras te duermes, pero tal vez tengas que buscarlo cuando despiertes.

La programación de cristales es más eficaz cuando tienes una visión nítida del sueño. Sin embargo, a veces no sabemos con claridad sobre qué deseamos soñar, es decir, no tenemos el argumento completo. Normalmente, tenemos en mente un tema con la esperanza de obtener información, hallar soluciones creativas o claridad sobre un desafío en particular. En esencia, podemos decidir el tono o tema y el propósito del sueño que deseamos tener y dejar que el subconsciente haga el resto. Estas prácticas mágicas también requieren creatividad, tener una intención clara y una pasión intensa por encontrar respuestas en el sueño que tejemos.

Las siguientes actividades ayudan a tejer sueños. La primera es un ritual para declarar tu intención y sumergirte en el tema elegido antes de irte a dormir. La segunda puede usarse por separado o junto con el ritual. Comprometerse a meditar con regularidad también puede ayudar con estas y otras actividades relacionadas con el trabajo onírico. Para obtener el máximo beneficio, ten en cuenta que, aunque no hay ningún requisito, variables como las fases lunares y las estaciones pueden amplificar el trabajo onírico, añadiendo una capa extra de poder a tus esfuerzos. Por ejemplo, las estaciones de la primavera y el verano quizás estén más vinculadas con sueños sobre relaciones y fertilidad o abundancia, mientras que los sueños centrados en el trabajo de sombras o en destapar adversarios potenciales pueden ser más nítidos en los meses de invierno.

Ritual para tejer sueños

El mejor momento para hacerlo es durante una luna llena o creciente.

Materiales necesarios

- Dos cuerdas o hilos largos de color negro, azul oscuro o plata, o cualquier combinación de estos.
- Una cuerda o hilo de color que represente el tema de tu sueño (por ejemplo, verde para finanzas, rojo o rosa para relaciones, amarillo para amistad, azul claro o blanco para cuestiones de salud, etc.).
- Una vela en representación de cada punto cardinal: norte, sur, este y oeste.
- Un elemento por cada uno de los elementos (por ejemplo, agua; incienso para el aire; otra vela para el fuego; sal o barro para la tierra).
- Una representación visual o simbólica de algún guía onírico o deidad que desees que te asista en el ritual y hechizo. También podrías usar otra vela para representar a la deidad, aliado o guía onírico, y el elemento del espíritu.
- Declaración escrita de tu intención.

Instrucciones

1. Lanza un círculo como harías normalmente.
2. Purifica tu espacio de trabajo dentro del círculo utilizando el método que prefieras. Hierbas sagradas, agua bendita, técnicas de purificación energética, como reiki o sonidos (cánticos, campanas y cuencos tibetanos de cristal), son buenas opciones.
3. Enciende la vela del este y di lo siguiente:

Bendito este, elemento del aire
siempre cambiante, tu cielo nocturno brilla con intensidad,
que tus vientos me traigan mi sueño
así como lo deseo, así será.

4. Enciende la vela del sur y di lo siguiente:

Bendito sur, elemento del fuego
tráeme aquello que deseo,
que tu chispa prenda el sueño que anhelo ver
así como lo deseo, así será.

5. Enciende la vela del oeste y di lo siguiente:

Bendito oeste, elemento del agua
que tus olas me lleven hasta el sueño que busco,
que gracias a tu poder, pueda soñar con claridad,
así como lo deseo, así será.

6. Enciende la vela del norte y di lo siguiente:

Bendito norte, elemento de la tierra
donante de vida, de las semillas que planto,

nutre mi sueño para que florezca para mí,
así como lo deseo, así será.

7. Colócate frente a tu representación de la deidad, aliado onírico o guía, o del elemento del espíritu. Solicita su bendición y ayuda del modo que consideres adecuado.

8. Siéntate en el centro de tu círculo. Cuando te hayas puesto en una posición cómoda, lee tu intención con profunda fe y pasión. De ser posible, intenta emplear todos los sentidos que puedas a la hora de imaginar que tu deseo se ha cumplido y estará listo y esperándote cuando te duermas.

9. Toma las tres cuerdas o hilos y únelos haciendo un nudo en la parte superior, con el color que representa tu sueño en el centro.

10. Empieza a trenzar o entretejer los hilos. A medida que lo haces, céntrate en el sueño que deseas. Quizá incluso quieras leer en voz alta tu intención mientras estás trabajando en ello. Cuando hayas acabado de trenzar los hilos, lee tu intención en voz alta una vez más con mucha intensidad. Imagina que envías energía a la trenza.

11. Une las puntas de los hilos (parecido al paso 9) mientras recitas lo siguiente:

Por mi voluntad divina
este sueño es mío
mientras duermo.
Este sueño mantendrá
las respuestas claras, sin nada que temer
recibo el sueño que tengo en gran estima,
así como lo deseo, así será.
Recita el hechizo y hecho estará.

12. Da las gracias a tu deidad y guía o aliado onírico por su ayuda. Luego, empezando por el norte y yendo en sentido contrario a las agujas del reloj, apaga las velas y da las gracias a los elementos por su ayuda, uno a uno.

13. Abre el círculo. Aunque no es necesario, quizá quieras colocar la trenza en tu altar de los sueños o bajo la luna para que se cargue durante unas cuantas noches y se intensifique su poder. Cuando estés listo para usar la trenza, simplemente colócala debajo de la almohada antes de irte a dormir. Puedes dejarla ahí durante varias noches si durante la primera no tienes éxito.

14. Cuando hayas terminado de usar la trenza, desata y desenrolla las cuerdas o hilos. Si deseas volver a usar estas cuerdas o hilos para un sueño distinto, asegúrate de purificarlos empleando el método que prefieras: pasándolos por humo de incienso o de hierbas sagradas, con reiki, etc.

PORTALES ONÍRICOS

La meditación del portal es una manera excelente de manifestar un sueño sobre un tema específico. Por norma general, elijo usar colores para marcar la puerta o portal que deseo cruzar. Por ejemplo, si tengo preguntas sobre mi salud, quizá use una puerta de color azul claro. Las puertas rojas o rosas se asocian con la pasión y el amor. Si tienes dificultades para adentrarte en tu sueño una vez que atraviesas el portal, también puedes usar imágenes de las cartas del tarot o del oráculo que se correspondan con la intención de tu sueño. Cuando he querido manifestar un sueño sobre el futuro de mi carrera soñada o próximo trabajo, he imaginado que la carta del ocho de pentáculos aparecía nada más abrir una puerta verde. Si estoy tratando de esclarecer cierto conflicto, visualizo el cinco de espadas.

He aquí las correspondencias para cada palo del tarot:

- **Pentáculos (tierra)**: finanzas, carreras, fertilidad, objetos materiales.
- **Copas (agua)**: relaciones, emociones, intuición, sanación.
- **Varitas (fuego)**: acción, creatividad, transformación/crecimiento, viajes, voluntad, hallar un propósito.
- **Espadas (aire)**: comunicación/expresividad, elecciones, poder personal, educación, lógica.

En algunas tradiciones, las varitas están conectadas con el aire y las espadas con el fuego. Utiliza las correspondencias que se ajusten a ti y consideres adecuadas. También puedes usar cartas de los Arcanos Mayores, sobre todo para decisiones vitales significativas o cuando estás en una gran encrucijada. Al seleccionar una carta, te recomiendo usar tu intuición. Recuerda que el lenguaje de tu subconsciente es único, así que es mejor usar las imágenes que más te atraigan cuando intentas manifestar un sueño en concreto.

El yo onírico que se menciona en esta meditación es similar a una proyección astral de ti. Los viajes oníricos se consideran una forma de proyección astral, y, cuando viajamos en sueños, nuestro cuerpo físico se reúne con nuestro cuerpo astral poco tiempo antes de despertarnos o justo en ese momento. Cuando el término «yo onírico» aparece en la meditación, simplemente hace referencia a tu parte astral, que viaja por tus sueños cada noche cuando duermes. Es mejor hacer esta meditación justo antes de irse a dormir para que tu yo onírico no se desvincule de tu cuerpo físico más tiempo del necesario.

Meditación del portal: manifestación de sueños

Nota: Esta actividad se puede combinar con el ritual y hechizo de la confección de sueños. Si deseas combinarlos, asegúrate de llevar a cabo la meditación inmediatamente antes de empezar a tejer tu trenza de los sueños. También puedes alterar la meditación para usar el templo astral establecido en el capítulo 3, en lugar del que se describe aquí, que se usa únicamente para la magia onírica.

Ponte en una posición cómoda y haz diez inhalaciones y exhalaciones profundas, lentamente. Cuando estés listo, imagina que estás en un bosque de noche. Frente a ti hay una verja cerrada. Rebuscas en el bolsillo de la capa que llevas puesta y sacas una llave. Te das cuenta de que encaja perfectamente en la cerradura. La abres y la cierras con llave tras de ti.

El aire a tu alrededor es, a la par, fascinante y extraño. Los árboles parecen inclinarse hacia ti lentamente y el cielo parece casi como si estuviese moviéndose y arremolinándose, como si estuviese bailando. Das diez pasos al frente y, al salir del bosque, ves diez escalones de piedra frente a ti que forman una espiral hacia abajo. No puedes ver lo que hay al final de la escalera, pero sabes que debes bajar por ella. Con tan solo las estrellas y algunos destellos de la luna iluminando tu camino, empiezas a bajar. Cuenta cada escalón. A medida que avances, piensa en el sueño que quieres manifestar y cualquier pregunta para la que deseas obtener respuesta en el sueño.

Cuando por fin llegas al final de las escaleras, te encuentras en una playa. A varios pasos de distancia, una masa de agua rodea un precioso castillo antiguo. El castillo parece estar hecho del cielo nocturno y la propia luna, y ves la luz de unas velas centelleando como estrellas en las ventanas del castillo, y las paredes parecen emitir un brillo plateado. Caminas hasta el borde del agua que te separa del castillo. Al principio, estás confundido: sabes que se supone que debes entrar en el castillo, pero no sabes cómo atravesar el agua. Piensas durante un momento y declaras en voz baja tu intención de entrar en el castillo para manifestar un sueño. A paso lento pero firme, un puente aparece frente a ti.

Empiezas a subir los diez escalones del puente. Cada vez que das un paso al frente, el tablón que acabas de dejar atrás de desvanece, de modo que cuando llegas al terreno del castillo, el puente ya no está. Sacando una vez más la llave de tu capa, la introduces en la cerradura y la puerta del castillo se abre con un crujido. Inmediatamente sientes una energía acogedora y sabes que este lugar estaba destinado a ser reclamado por ti para tu propio uso.

Caminas hasta el centro del vestíbulo, que está iluminado por la luna creciente que se alza en el cielo. Justo enfrente, ves una puerta al final del recibidor, iluminada desde dentro por una luz plateada. Caminas hasta ella y la abres. Apenas pones un pie en la habitación, la puerta se cierra con suavidad. Frente a ti hay tres puertas. Observas la de en medio mientras declaras tu intención de tejer un sueño. Mientras lo haces, el color de la puerta cambia para corresponder al tema sobre el que deseas soñar. La puerta, sin embargo, no se abre, actúa como un portal.

A medida que avanzas hacia ella, ves a tu yo onírico —una réplica perfecta de ti en todos los sentidos— separado de tu cuerpo. Una vez más, declaras la intención de tu sueño confiando plenamente en que este sueño vendrá a ti esta misma noche o pronto. Tu yo onírico sonríe, y al mirar hacia abajo ves un hilo plateado que os une. Le dices a tu yo onírico que

*el hilo os mantendrá unidos y que debe regresar a tu cuerpo
físico cuando despiertes, al igual que tras un curso normal de
sueño y su correspondiente viaje onírico. También le aconsejas
recordar el contenido de este sueño e integrarlo en tu mente
consciente para poder recordarlo con éxito. Tu yo onírico asiente y se da la vuelta para atravesar el portal.*

*Puesto que seguís conectados y puedes atravesar el portal,
tienes la opción de visualizar imágenes del tarot, por ejemplo,
al otro lado de la puerta. Cuando estés listo y sientas que tu yo
onírico está bien posicionado al otro lado de la puerta, regresa
al recibidor y sal del castillo. El puente se materializa de nuevo cuando avanzas hacia la orilla. Lo recorres y alcanzas el
otro lado, donde subes las escaleras. A continuación, atraviesas de nuevo el bosque y la verja, abriéndola y volviéndola a
cerrar con llave al igual que antes. Cuando estés listo, camina
de vuelta al aquí y ahora. Respira hondo varias veces y, si lo
necesitas, conéctate a la tierra tocando el suelo o comiendo algo
ligero antes de irte a dormir.*

10

PROYECCIÓN Y PASEOS
ONÍRICOS

La proyección y los paseos oníricos tienen algunas similitudes con la incubación de sueños, pero no son idénticos. En la proyección, tú «mandas» un sueño a otra persona en vez de manifestarlo para ti mismo. Uno de los casos más famosos de ello aparece en «El sueño de Macsen Wledig» de *El Mabinogion*.

En la historia, Magnus Maximus (Macsen Wledig, en galés), emperador romano, invitó a los reyes que gobernaban bajo su mando a ir de caza. En algún momento del día, a Macsen le entró mucho sueño. Los otros reyes lo rodearon con sus escudos para darle algo de sombra mientras dormía. En aquel momento tuvo un sueño en el que se embarcaba en un gran viaje que lo llevaba hasta un río. El terreno era extraordinario, y vio un castillo en la desembocadura del río. Cuando entró al castillo, vio que parecía estar hecho del oro más exquisito y de joyas preciosas. En el vestíbulo, vio a dos niños de cabello castaño jugando al ajedrez en un tablero plateado con piezas doradas. Los dos chicos llevaban ropa hecha en parte también de joyas y oro.

Junto a una columna del vestíbulo, Macsen vio a un gran hombre musculado de apariencia salvaje y desaliñada. Como cabía esperar, el hombre también vestía de oro, incluyendo una diadema, brazaletes y una torques. Parecía que estaba tallando piezas de ajedrez para los niños. Lo que más sorprendió a Macsen fue una joven y bella mujer sentada en un trono de oro. La mujer era quien más tarde sería conocida como Elen de los Caminos, aunque Macsen no sabía su nombre en aquel momento. Se quedó prendado de ella al instante, y la hermosa mujer se acercó a él. Macsen la tomó en sus brazos y justo cuando estaban a punto de besarse, sus hombres lo despertaron y le sugirieron que comiera algo, puesto que era hora de regresar a Roma.

El humor de Macsen se ensombreció, y cayó en una depresión por no poder estar con la bella dama de sus sueños. No comía ni bebía y dejó a un lado sus responsabilidades, hasta que un día su consejero lo confrontó y le informó de que el pueblo se estaba volviendo en su contra. Entonces, Macsen reunió a sus hombres y les habló de su sueño; les explicó que estaba enamorado de la mujer que conoció en él y que no sabía si era real ni cómo encontrarla en caso de serlo. Se decidió que los hombres de Macsen saldrían a buscar a esta mujer durante un año y un día.

Por desgracia, los hombres de Macsen no tuvieron suerte. Le recomendaron a Macsen que regresase al lugar en el que se quedó dormido durante la caza con la esperanza de que pudiese recordar el camino que lo llevó a Elen. Macsen así lo hizo y pudo entonces dar a sus hombres instrucciones que los llevaron a encontrar, por fin, la ciudad de oro en Anglesey, el lugar que Macsen visitó en sueños. Cuando vieron a Elen, se arrodillaron y la proclamaron emperatriz de Roma.

Los hombres le explicaron a Elen que Macsen la había visto en sueños y estaba enamorado de ella. Le pidieron que volviera a Roma con ellos, pero ella insistió en que si Macsen verdaderamente la amaba, debía ir hasta allí y pedirle él mismo matrimonio.

Macsen viajó hasta Anglesey y, al llegar, vio lo que había visto en sueños. Rodeó a Elen con sus brazos, anunciando que sería su emperatriz, y se casaron esa misma tarde.

Aunque no podemos decir con seguridad que Elen le mandó ese sueño a Macsen, hay muchas pistas que indican que usó la proyección onírica. Elen está basada en una mujer que se dice vivió en el siglo IV, pero también es una diosa de la soberanía. Estas diosas en la tradición celta normalmente tienen la habilidad y responsabilidad de concederle la soberanía del reino al rey. De no hacerlo, el rey perdería su poder y el reino sufriría, puesto que uno es el reflejo del otro y viceversa.

Muchas interpretaciones de esta historia sugieren que el sueño de Macsen era un *aisling*, un sueño conocido en la tradición celta por tener un «poderoso mensaje espiritual».[137] El potencial objetivo que tenía Elen en mente a la hora de mandar dicho sueño es lógico, puesto que al profundizar en la historia vemos que su matrimonio une a Bretaña y Roma en más de una forma. Podemos hallar pistas del don de Elen para la estrategia en algunos símbolos de la historia, como el tablero que Macsen ve en sueños y en su encuentro con ella en la vida real. Además, como era costumbre en la época, la novia podía pedirle a su marido un regalo de bodas que él debía concederle. Elen pide estratégicamente que el reinado de Bretaña y sus islas quede en manos de ella y su padre.

Asociada con la migración de los renos, Elen era la diosa de los caminos, senderos y líneas ley, lo que hizo que algunos la consideraran la diosa de los viajes, que hacía que fuese posible viajar

---

137. Evans, Zteve (2018), «British Legends: Elen of the Hosts-Saint, Warrior, Queen, Goddess of Sovereignty», en Folklorethursday.com, <https://folklorethursday.com/legends/british-legends-elen-of-the-hosts-saint-warrior-queen-goddess-of-sovereignty/>.

con ella como guía. Por lo tanto, no es impensable que tuviese el poder de proyectar o enviarle un sueño a Macsen para hacer que fuese hasta ella.[138] De hecho, muchos autores y académicos asocian a Elen, en su papel de diosa de los sueños, con el chamanismo británico.[139]

Aunque la historia de Elen tal vez sea una de las descripciones más detalladas y conocidas de la proyección onírica, esta se encuentra presente en los mitos de un abanico de culturas. En la *Ilíada* de Homero, Zeus le envió un sueño a Agamenón, comandante del ejército griego, durante la guerra de Troya. El dios griego Morfeo también tenía reputación de compartir mensajes de los dioses o profecías mediante los sueños.

AVANCES EN LA PROYECCIÓN ONÍRICA

Crear el contenido del sueño de otra persona no es algo exclusivo para los dioses. Muchas corporaciones y marcas han estado trabajando en maneras de moldear nuestros sueños con fines publicitarios. Según un reportaje de *Science*, el científico cognitivo y doctorando de MIT Adam Haar ha inventado un guante que monitoriza las fases del sueño y envía señales auditivas que influyen en el contenido del sueño de la persona que lo lleva.[140] Haar dice que Microsoft y, al menos, dos aerolíneas se han puesto en contacto con él por sus inventos, e investigadores de institutos educativos de renombre actúan de consultores para

---

138. *Ibid.*

139. Shaw, Judith (2015), «Caer Ibormeith: Celtic Goddess of Dreams and Prophecy», en Feminismandreligion.com, <https://feminismandreligion.com/2015/01/28/caer-ibormeith-celtic-goddess-of-dreams-and-prophecy-by-judith-shaw/>.

140. Moutinho, Sofia (2021), «Are advertisers coming for your dreams», en Science.org, <https://www.science.org/content/article/are-advertisers-coming-your-dreams>.

ayudar a las corporaciones a llevar a cabo estudios que les permitan reunir información que podría usarse para moldear nuestros sueños.[141]

PASEO ONÍRICO

El paseo onírico es un tanto distinto a la proyección de sueños, aunque ambos implican colarse en los sueños de alguien. El paseo onírico normalmente se define como adentrarse en los sueños de otra persona, aunque la definición también podría incluir traer a alguien a *tus* sueños. En algunos casos, tanto tú como la otra persona camináis hasta un espacio neutral mediante la proyección astral.

Los paseos oníricos pueden no ser intencionados. Yo personalmente los he experimentado en múltiples ocasiones. En la mayoría de los casos, fue con alguien con quien tenía una conexión profunda, pero que ya no estaba en mi vida. Perdí el contacto con mi primer amor durante casi treinta años, pero durante ese tiempo tuve sueños una o dos veces al año en los que esta persona y yo simplemente pasábamos el rato juntos y charlábamos. Durante mucho tiempo, consideré estos sueños creaciones irrelevantes de mi subconsciente. Sin embargo, cuando reconectamos, me enteré de que muchas de las cosas que me contó en sueños ocurrieron de verdad.

Otro ser querido con quien perdí el contacto durante un tiempo apareció en mis sueños con regularidad durante años y me mostraba eventos importantes de su vida, como su matrimonio con una mujer de pelo castaño y ojos marrones que, según me dijo en sueños, tenía nombre de planta. Cuando

---

141. Moutinho, Sofia (2021), en Science.org.

finalmente restablecimos el contacto muchos años después, me enteré de que la mujer con la que se había casado se llamaba Heather [142] y que su aspecto era idéntico al que yo había descrito. Individuos a los que les tengo cariño me han visitado en sueños para hablarme sobre un desafío al que se estaban enfrentando. En todos estos casos, mi intuición me decía que algo no iba bien con estos seres queridos, pero no querían o no podían decirme lo que les pasaba. Parece que una parte de ellos —quizá su yo superior— sentía la necesidad de ponerse en contacto en sueños.

En un encuentro onírico bastante incómodo, me encontré a mí misma sentada en una habitación junto a mi exmarido. Ninguno de los dos parecía saber por qué estaba ahí, sobre todo porque no habíamos mantenido mucho el contacto y habíamos tenido algunos problemas. No había odio entre nosotros, pero sin duda había desconfianza y falta de entendimiento. El sueño fue útil, en el sentido de que pareció ayudarnos a aclarar un poco las cosas, aunque mi exmarido me dejó claro que sentía que no debíamos compartir espacio onírico en el futuro cercano. Estuve de acuerdo, y no nos hemos encontrado en sueños desde entonces. Lo que estos sueños tenían en común era que, al igual que los sueños proféticos y del inframundo, me transmitían una sensación distinta a la de mis sueños «normales».

ÉTICA DE LA PROYECCIÓN Y LOS PASEOS ONÍRICOS

Antes de compartir información y técnicas que pueden ayudarte con la proyección y los paseos oníricos, es crucial repasar la ética

---

142. En español, «brezo»; de ahí que diga que tiene nombre de planta. *(N. de la T.)*

relacionada con este tipo de magia. Soy una gran defensora de las consideraciones éticas cuando hablamos de interferir de manera intencionada en los sueños de otra persona, en parte porque no estaría cómoda con que alguien se colara en mis sueños sin yo saberlo y sin mi consentimiento. En mi opinión, ser sincera con la persona en la que vas a centrar tus esfuerzos y asegurarse de que está de acuerdo con lo que pretendes hacer, no solo es respetuoso con su libre albedrío y menos propenso a causar daño, sino que puede aumentar la eficacia de tu magia y validar tus esfuerzos. Ten en cuenta que si tienes sentimientos negativos fuertes hacia otra persona, ello puede desencadenar, involuntariamente, los paseos oníricos o la proyección de sueños, cosa que puede resultar tóxica tanto para ti como para la otra persona. La mejor forma de evitar visitas no deseadas es ser consciente de tus sentimientos y resolver las cosas estando despiertos o, si eso no es posible, redirigir tus pensamientos hacia algo positivo sobre lo que deseas soñar. La meditación también puede propiciar la tranquilidad mental antes de ir a dormir.

¿Y qué hay de esas veces en las que no puedes pedir de manera explícita el permiso de la otra persona, como cuando alguien está en coma o es incapaz de, por alguna razón, comunicarse contigo en estado de vigilia? En estos casos, normalmente practico magia con la condición de que la proyección o el paseo solo funcione si no hace daño al receptor y si este está de acuerdo. Para ser sinceros, es menos probable que la magia onírica sea efectiva si la otra persona no está abierta a ello. Algunas sendas e individuos utilizan la magia de los sueños con la intención de crear malestar mental o hacer daño (por ejemplo, como parte de un maleficio o maldición). Aunque yo personalmente no me siento cómoda utilizando la magia con este objetivo, es entendible que algunos sí lo hagan. Sin embargo, dichos usos no se incluyen en este libro.

MÉTODOS PARA PASEOS ONÍRICOS

Los paseos oníricos pueden parecer una hazaña imposible, pero eso es simplemente mentira. Aunque conlleva mucha paciencia, prueba y error, y práctica (quizá incluso más que otras formas de magia), no es de ninguna manera imposible. Como explicaba en el capítulo 6, mucha gente ha confesado haber recibido la visita de un ser querido fallecido en sueños. Si nuestros seres queridos son capaces de abandonar el mundo de los espíritus y adentrarse en nuestros sueños, ¡sin duda debemos de ser capaces de comunicarnos por sueños con individuos que comparten el plano físico con nosotros!

En ciertos sondeos, entre un 8 y un 20 % de los encuestados dijeron haber tenido al menos una experiencia extracorpórea en su vida.[143] Algunas de estas experiencias ocurrieron de manera orgánica, mientras que otras fueron intencionadas. La historia nos enseña que la creencia en la posibilidad de la proyección astral ha existido a lo largo del tiempo en múltiples culturas. Según la teosofía, fundada a finales del siglo xix por Helena Blavatsky, uno de los siete cuerpos que comprenden al ser humano es un cuerpo astral que puede abandonar el plano físico y viajar a los reinos astrales.[144] La ciencia no ha sido capaz de demostrar de manera definitiva que la proyección astral existe, pero algunos estudios sí sugieren que hay una alta probabilidad de que las experiencias extracorpóreas sean reales. Un estudio del año 2014 reveló que el cerebelo de una mujer que se hallaba, supuestamente, en pleno proceso de proyección astral, mostraba un nivel de activación consistente con la

---

143. McKelvie, Callum y Radford, Benjamin (2022), «Astral Projection: Facts and Theories», en Livescience.com, <https://www.livescience.com/27978-astral-projection.html>.
144. *Ibid.*

experiencia descrita por dicha mujer mientras habitaba su cuerpo astral.[145] La posibilidad de que la proyección astral fuese real era lo suficientemente considerable como para que, según un documento ahora desclasificado, la Agencia Central de Inteligencia de Estados Unidos empezase a investigar la proyección astral en 1983.[146]

Además de la proyección astral, los sueños lúcidos también pueden usarse para los paseos oníricos. No obstante, mantener la lucidez el tiempo necesario para hallar a la persona deseada e interaccionar con ella, conlleva un gran esfuerzo y mucha experiencia. Puesto que ya hemos hablado sobre los sueños lúcidos, nos centraremos en encontrarnos con otras personas en sueños por medio de la proyección astral. En mi experiencia, esta posee características que no comparte con los sueños lúcidos. Puesto que la proyección astral puede dejar al cuerpo físico en un estado vulnerable, te recomiendo encarecidamente que pongas esto en práctica en un lugar en el que sabes con certeza que no te van a interrumpir, y que lances un círculo y protejas el espacio como harías normalmente.

La proyección astral implica separar intencionadamente el espíritu o cuerpo astral del cuerpo físico. Aunque esto puede ocurrir de manera involuntaria en circunstancias extremas, como cuando sentimos miedo o inseguridad, la mejor manera de inducir adrede un viaje astral es tumbarse en un espacio cómodo y trabajar para relajar la mente y el cuerpo. Es esencial tener un objetivo claro en mente para tu viaje mientras te relajas. Una vez

145. Messier, Claude y Smith, Andra M., «Voluntary Out-of-Body Experience: An fMRI Study», *Frontiers in Human Neuroscience*, 8, n.º 70, (2014), <https://www.frontiersin.org/articles/10.3389/fnhum.2014.00070/full>.

146. (2021), «The CIA's Gateway Report on Astral Projection and Templeton's Consciousness Competition», en Mindscience.org, <https://mindscience.org/neuro-news/the-cias-gateway-report-on-astral-projection-templetons-consciousness-competition/>.

que te has relajado, ves en tu mente que tu cuerpo astral abandona tu cuerpo físico hasta sobrevolarlo.

El proceso por el cual el cuerpo espiritual se «suelta» es una experiencia única, aunque muchos declaran que, a medida que su cuerpo espiritual asciende, se da la vuelta, lo que les permite ver su cuerpo físico tumbado debajo. No te desanimes si esto no te ocurre a ti; yo rara vez me veo a mí misma cuando tengo una experiencia extracorpórea; más bien, siento como si mi cuerpo espiritual se balancease hacia delante y atrás, como mecido por las olas del océano. Imaginar cómo cada parte de tu cuerpo espiritual se desvincula lentamente de tu cuerpo físico (similar a un escáner corporal) es una manera efectiva de concentrarse en la separación. También me he dado cuenta de que tener cristales sobre mi cuerpo, o cerca de él, y crear el ambiente adecuado con incienso y música suave o tamborileo chamánico, potencia mi habilidad para desencadenar una experiencia extracorpórea.

Algo sobre la proyección astral en lo que la mayoría de la gente coincide es en que necesitas asegurarte de que el cuerpo físico y el espiritual están bien conectados, algo que normalmente se consigue imaginando un hilo plateado que une ambos cuerpos. Una variante de esta técnica consiste en imaginar una cuerda que se extiende desde tu cuerpo hasta el cielo y que escalas por esa cuerda hasta el plano astral con tu cuerpo espiritual. Desde ese momento, imaginas que la cuerda está atada al cuerpo espiritual para mantener la conexión con el cuerpo físico.

Es crucial que te familiarices con las experiencias extracorpóreas y que, de ser posible, seas capaz de tenerlas en estado de vigilia. Cuanto más frecuentemente tengas estas experiencias en dicho estado, aunque solo sea durante unos minutos varias veces por semana, más probabilidades tendrás de proyectar intencionadamente tu yo onírico en el sueño de otra persona. A medida que adquieras destreza en proyección astral, empezarás a querer iniciar dicho proceso justo antes de dormirte. Asegúrate de tener en mente el destino deseado mientras te duermes en estado semi o plenamente astral.

Otro método para los paseos oníricos, descrito por la autora Debra Taitel, adopta un enfoque algo distinto. Medita y prepara el ambiente para relajarte por completo, tal como he explicado anteriormente. Sin embargo, en lugar de fijar un destino, declaras tu intención de caminar junto a ti misma en sueños, como si fueses tu propia gemela invisible.[147] Declara tu intención de ser consciente de todo lo que ves y recordar estos detalles al despertar. Al principio, simplemente observarás, no iniciarás ninguna actividad o discusión en tus sueños. Después de haber practicado este método lo suficiente para observar y recordar tus viajes oníricos sin problemas, puedes empezar a adaptar la técnica para viajar hasta una persona o lugar específico e iniciar la actividad.

EJERCICIOS DE PROYECCIÓN Y PASEOS ONÍRICOS

En esta sección hay dos actividades para ayudarte con la proyección y los paseos oníricos. Insisto, tienes muchas más probabilidades de lograr tus objetivos si la persona que tienes en mente está al tanto de tu intención y está de acuerdo. El éxito es mucho más probable con este tipo de magia si trabajas con alguien que conoces. El beneficio añadido de trabajar con alguien que es consciente de lo que estás haciendo y ha dado su permiso, es que puedes validar tus experiencias y aprender lo que funciona para ti y lo que no.

---

147. Taitel, Debra (2022), «How to Effortlessly Dream Walk», en Debrataitel. medium.com, <https://debrataitel.medium.com/how-to-effortlessly-dream-walk-cfbafe1cae34>.

Para lograr una validación objetiva exitosa en la proyección onírica, es mejor abstenerse de compartir detalles sobre el contenido del sueño con la persona que colabora contigo; en vez de eso, infórmales de que les vas a mandar un sueño. En lo que respecta a los paseos oníricos, creo que es mejor (al menos al principio), no tener un lugar de encuentro definido; un espacio neutro suele ser el lugar ideal para interactuar con otra persona en sueños; a menos que haya un lugar especial en el mundo de la vigilia que tenga un gran significado emocional o al que ambos le tengáis un gran apego, en ese caso quizá sea más fácil acceder a dicho sitio.

Monigote para la proyección de sueños

Instrucciones

1. Empieza por hacer una muñeca de los sueños siguiendo las instrucciones del capítulo 3. Sin embargo, en vez de hacer que el monigote esté vinculado con una deidad, este representará a la persona a la que deseas enviar un sueño. Aunque el monigote no tiene por qué parecerse explícitamente a la persona, personalízalo para que esté en sintonía con la energía de la otra persona. Por ejemplo, quizá uses colores o patrones que le gustan a esa persona. Si tienes objetos personales, como un mechón de pelo, inclúyelo en el relleno del monigote. También puedes añadir al relleno una foto de la persona, un papel con su nombre o apodo escrito, o una hierba o aroma concreto que esta persona use o por el que se sienta atraída.

2. Cuando hayas terminado de crear tu monigote, cósele una solapa de tela a la parte trasera para hacer un bolsillo lo suficientemente grande como para que quepa un pequeño trozo de papel.

3. En un pequeño trozo de papel, haz un *collage* o un dibujo simbólico y descriptivo del sueño que pretendes mandar. Como último recurso, podrías describir el sueño usando palabras, pero recuerda que el lenguaje de nuestro subconsciente es, por lo general, simbólico y visual; es menos probable que las palabras escritas sean efectivas.

4. Coloca el papel en el bolsillo pegado al monigote. Durante el día, coloca a este en tu altar de los sueños. Por la noche, colócalo debajo de tu almohada o cerca de tu cama.

5. Sigue las indicaciones del paso 4 durante tres días y tres noches consecutivos. Cada noche, antes de irte a dormir, declara tu intención claramente, nombrando al destinatario del sueño y asegurando que esta persona recibirá el sueño en el transcurso de una semana. Visualiza el contenido del sueño mientras te duermes.

Como siempre, toma nota de los resultados en tu diario de los sueños, especialmente si mantienes el contacto con el destinatario del sueño. Si no logras tu objetivo enseguida, ¡no te rindas! La proyección onírica es una práctica mágica avanzada que conlleva tiempo dominar.

Si el destinatario del sueño es alguien que aprende mejor mediante sonidos o está muy metido en el mundo de la música, hay una técnica maravillosa que puedes incorporar a la proyección onírica para aumentar tus probabilidades de éxito. Habla con la persona a la que deseas enviar el sueño (si estás en contacto con ella) y encuentra una canción que le guste mucho o que sea especial para ella. Hazle saber que esta canción será su «señal» para permitir que el sueño proyectado le alcance. Escucha esta canción en bucle mientras haces tu monigote y colocas la imagen en el bolsillo. Escucha la canción de nuevo en cada una de las tres noches en que intentes proyectar tu sueño. Pídele a tu destinatario que cree una lista de reproducción que incluya esta canción y pídele que la escuche cada noche mientras se duerme. Nuestro subconsciente escucha y procesa cada sonido que nos llega, estemos despiertos o dormidos. Cuando suene la canción seleccionada, será la señal para que el subconsciente esté receptivo y listo para aceptar tu sueño.

Amuleto para los paseos oníricos

Materiales necesarios

- Una pequeña bolsa de tela o filtro
- Algo que te represente (un objeto preferido, una foto, la letra de una canción con la que te identifiques, o una joya que tenga un gran valor para ti)
- Algo que represente a la persona con la que deseas conectar (debería corresponderse con su esencia y armonizar con su energía)
- 2 trozos pequeños de hilo o cuerda dorada
- Una pizca de artemisa
- Una pizca de polvo de raíz africana de los sueños o un trozo pequeño de la propia raíz
- Una pizca de citronela
- 2 pétalos de rosa (amarillo o blanco para la amistad, rosa o rojo si el destinatario es tu pareja)
- Una pizca de lavanda
- Una vela de candelabro azul

Instrucciones

1. Mantén la bolsa abierta y pronuncia el nombre de la persona con la que quieres interactuar mientras duermes, y declara claramente tu intención de dar un paseo onírico

hasta esta persona cuando te duermas. Esta bolsa actuará como conector, como si fuese el número de teléfono de una persona a la que quieres llamar.

2. Coloca tus cosas en la bolsa, seguidas de las cosas que representan a la otra persona. Une con una de las cuerdas doradas dos de los objetos.

3. Mientras metes la artemisa en la bolsa, di lo siguiente: «Añado esta artemisa para fortalecer los canales de comunicación psíquica».

4. Mientras metes la raíz africana de los sueños, di lo siguiente: «Añado raíz africana de los sueños para una magia onírica poderosa».

5. Mientras metes la citronela en la bolsa, di lo siguiente: «Invoco a la citronela para que abra el camino».

6. Añade una pizca de lavanda para relajarte y mantener la conexión.

7. Añade los pétalos de rosa como símbolo de tu amistad o amor.

8. Una vez que has colocado todo en tu bolsa, sujétala en tus manos mientras visualizas tu propósito. Si aún te queda un trozo de cuerda o hilo dorado, utilízalo para cerrar la bolsa.

9. Coloca la bolsa en tu altar de los sueños y enciende la vela en representación de una comunicación eficaz y un vínculo fuerte. A medida que la vela se consume, forma una imagen clara en tu mente de la persona con la que deseas encontrarte en tus viajes oníricos e imagina una cuerda dorada de energía que se extiende desde el chakra de tu corazón al suyo. A continuación, imagínate a los dos mirándoos el uno al otro y energía de color morado oscuro emergiendo de vuestros chakras del tercer ojo, mezclándose en el espacio entre vosotros.

10. Cuando la vela se consuma por completo, retira la bolsa del altar y ponla bajo tu almohada o junto a tu cama. Mientras te duermes, ten en mente tu intención de dar un paseo onírico y visualiza a la persona a la que deseas visitar en tus sueños. Al igual que la proyección de sueños, los paseos oníricos son una forma avanzada de magia, así que puede llevarte un tiempo obtener los resultados que deseas. Cuanto más practiques, más probabilidades tendrás de alcanzar el éxito.

CONCLUSIÓN

La magia onírica es una de las prácticas mágicas más poderosas que existen, y nos ayuda a enriquecer y mejorar nuestras vidas. Los sueños, en sí mismos, son mágicos: nos permiten vivir múltiples historias cada noche sin movernos del sitio. Solo en sueños podemos viajar con facilidad a otros tiempos, lugares y dimensiones, a veces de manera espontánea; experimentar lo que se siente teniendo superpoderes, y ver a través de los ojos de otro ser humano. Son la vía hacia prácticas mágicas más poderosas, y son accesibles para todo el mundo. ¡Sin siquiera intentarlo, soñamos de media entre cuatro y seis veces cada noche!

Quizá, la razón por la que siento tanta pasión por la magia onírica, es que he visto el poder transformador de los sueños en muchas áreas de mi vida y la de otros. Hay pocas otras formas de magia que tengan la capacidad de ayudarnos a entendernos mejor a nosotros mismos y a nuestras necesidades, dando rienda suelta a nuestro potencial y ganando, a la vez, confianza y amor propio. He sido capaz de viajar a lugares exóticos y tener aventuras que hubiesen estado fuera de mi alcance en mi estado de vigilia. En los sueños, la sanación física y mental es posible, así como contactar con seres queridos, tanto los vivos como los que ya no están aquí. No se me ocurre otra disciplina mágica que logre todas estas cosas y más; ¡a veces en una misma noche!

Como has podido ver, la magia de los sueños no es para nada sencilla: conlleva mucha paciencia, resiliencia, receptividad y esfuerzo. También requiere práctica, pero por fortuna tenemos la oportunidad de practicar cada vez que cerramos los ojos. A pesar del esfuerzo continuado y el coraje necesario para alcanzar el éxito, las recompensas que puedes esperar de la práctica de este tipo de magia compensan por mucho los desafíos, según mi opinión. Por inalcanzables que puedan parecer tus objetivos a veces, recuerda que no hay límites en un sueño. Tengo la esperanza de que este libro te proporcione las herramientas que necesitas para alcanzar tus objetivos oníricos y, al hacerlo, atraer más felicidad, salud, creatividad, comprensión y amor propio. ¡Que tengas los más dulces sueños!

APÉNDICE A
PREGUNTAS PARA EL DIARIO ONÍRICO

- ¿Fecha y hora de tu sueño? ¿Era una fecha especial (por ejemplo, festivo, aniversario, etc.)?
- ¿Cómo te sentías cuando te adentraste en el sueño?
- ¿Qué recuerdas ver en el sueño?
- ¿Qué otros sentidos se vieron estimulados? Por ejemplo, ¿escuchaste algo? ¿Saboreaste u oliste algo? ¿Qué tocaste?
- ¿Cómo te sentiste al despertarte del sueño? ¿Cuál fue la principal emoción que recuerdas experimentar al despertar?
- ¿Había algo en tu sueño relacionado con los eventos de ese día o de la semana? ¿Cómo se desarrollaron dichos eventos en tus sueños?
- ¿A quién viste en sueños? ¿Conoces a estas personas?
- En caso de haber visto a alguien conocido en tu sueño, ¿tenía el mismo aspecto de siempre? Si no, ¿qué había cambiado?
- ¿Había algo extraño en tu sueño? ¿Podías hacer cosas que normalmente no podrías hacer, como volar o atravesar un muro con tu mano?

- ¿Recuerdas cierta lucidez? En caso de ser así, ¿qué pasó? ¿Te limitabas a observar o influiste en el contenido del sueño?
- ¿Te visitaron seres queridos fallecidos u otros individuos?
- ¿Cuántas horas dormiste?
- ¿Alguno de tus sueños era una réplica de algún otro que ya habías tenido antes? Si es así, ¿qué mensaje crees que este sueño trata de enviarte? ¿Hay elementos desencadenantes o eventos que se repiten cuando tienes estos sueños?
- ¿Te llamó la atención algún símbolo? En caso de ser así, consulta tu diccionario de los sueños y trata de interpretarlo.
- ¿Dónde tenía lugar tu sueño? ¿A qué hora del día?
- ¿En qué fase se encontraba la luna la noche en la que tuviste el sueño? ¿Cuáles eran las condiciones astrológicas (por ejemplo, casa astrológica en la que se encontraba la luna, luna azul, eclipse, etc.)?
- ¿Pusiste en práctica algún ejercicio de magia onírica antes de irte a dormir? Si fue así, ¿lograste tu objetivo? ¿Qué funcionó? ¿Qué no lo hizo?

APÉNDICE B

DEIDADES, ALIADOS Y GUÍAS

Los aliados oníricos son entidades —deidades, animales y criaturas— que pueden ayudarte en el trabajo mágico. Quizá te ayuden con cosas como manifestar un sueño en particular, acceder al inframundo en sueños, o, simplemente, actúen como protectores o guías. El objetivo de esta lista no es ayudarte a interpretar tus sueños ni determinar la naturaleza de tu relación con distintas deidades, animales y criaturas. En su lugar, su intención es darte acceso a seres que te ayudarán con la magia onírica si los llamas en un ritual o sueño lúcido, o te rodeas de sus símbolos. Esta lista no es exhaustiva; pretende ofrecerte un punto de partida diverso en tu búsqueda de aliados oníricos.

DEIDADES

Anubis (egipcio): dios de los ritos funerarios y guía al inframundo, con cabeza de chacal.

Arianrhod (galesa): diosa de la rueca plateada que se dice reside en el cielo. Aparece en *El Mabinogion.*

Asclepio (griego): también conocido como Asclepios, es el dios de la sanación y la medicina. Era hijo de Apolo. Muchos templos de incubación de sueños de la zona del Mediterráneo y sus alrededores estaban dedicados a él.

Ayizan (vudú): también conocida como Ai-Zan. Esposa de Papa Legba, es conocida por proteger fronteras y portales, y sabe mucho sobre el mundo espiritual.

Bes (egipcio): también conocido como Aha o Bisu, tiene la apariencia de un enano y es un guerrero notable. Rige sobre la fertilidad, el hogar, el entretenimiento y la sexualidad.

Breksta (lituana): diosa de la noche y los sueños. Se dice que protegía a los humanos desde el amanecer hasta el atardecer.[148]

Caer Ibormeith (pancéltica): venerada en Irlanda, Escocia y Gales, Caer era la diosa de los sueños y la profecía. Era hija de los Tuatha Dé Danann y conocida por adoptar indistintamente la forma de una bella mujer o un cisne. Ella escogió a su verdadero amor, Aengus Og, haciéndole una visita en sueños.

Ceridwen (galesa): también conocida como Cerridwen. Diosa galesa conocida por preparar una poción en su caldero capaz de otorgar Awen o «transformación divina». Cambiaformas.

Chang'E (china): también conocida como Chang'O, es la diosa de la luna y se asocia con la liebre. Se dice que le robó la droga de la inmortalidad a su amante, Hou Yi.[149]

---

148. Roric, Valda (2016), «Ancient Gods—When Darkness Ruled the World», en Ancient-origins.net, <https://www.ancient-origins.net/myths-legends/ancient-gods-when-darkness-ruled-world-006067>.

149. Stefon, Matt (2023), «Chang'e», en Britannica.com, <https://www.britannica.com/topic/Change-Chinese-deity>.

Elen de los Caminos (galesa): diosa de la soberanía que, según se dice, estaba basada en una persona real. Su historia se incluye en *El Mabinogion*. Es conocida por enviarle un sueño al emperador romano Macsen Wledig, y por crear senderos y caminos. Se asocia con los renos.

Erzulie (vudú): también conocida como Ezili. Rige sobre el amor, las mujeres y los cuerpos de agua. Es una guía que puede viajar por el agua y actuar como un espejo, mostrándonos el reflejo de nuestros pensamientos y secretos más profundos.

Hades (griego): dios del inframundo. Su consorte es Perséfone, que es también la diosa de la primavera. Hades puede ayudarte a conectar con ancestros y seres queridos fallecidos.

Hermes (griego): conocido como el bromista y mensajero en el panteón helénico, Hermes es un psicopompo que lleva a los difuntos al inframundo. Supervisa las comunicaciones y protege a los viajeros.

Hipnos (griego): dios del sueño y padre de Morfeo. Es el hijo de Nyx y el hermano de Tánatos, y se dice que vive en el inframundo.

Ishtar (acadia/asiria): a veces considerada una manifestación de la diosa sumeria Inanna. Ishtar es la diosa de la guerra y la sexualidad. Se dice que aparecía a veces en los sueños de su rey para contarle lo que ocurría en el mundo.

Mamu (mesopotámica): hija de Utu, se dice que rige sobre el mundo de los sueños.[150]

---

150. Hardy, James (2022), «The 10 Most Important Sumerian Gods: Nammu, Enki, Enlil and More!», en Historycooperative.org, <https://historycooperative.org/sumerian-gods/>.

Manannán mac Lir (celta): dios irlandés que rige sobre el océano. Tiene una bolsa mágica hecha de piel de grulla que contiene tesoros que se vuelven invisibles cuando baja la marea.

Morana (eslava): diosa del invierno y la muerte que vive en lo que se conoce como «Lugar de los Espejos», considerado el inframundo.[151]

Morfeo (griego): dios que podía dar forma a los sueños de quienes dormían. Hermano de los espíritus conocidos como Oneiroi.

Morrigan (celta): diosa irlandesa de la guerra considerada en ocasiones una tríada compuesta por las diosas Badb, Macha y Nemain. Asociada con los cuervos, la profecía y conocida por desatar el frenesí de batalla en los guerreros.

Neftis (egipcia): hermana de Isis. Es la diosa de los sueños y el aire.

Nótt (nórdica): mencionada en la *Edda*,[152] Nótt es la diosa nórdica de la noche, el descanso y los sueños. Tiene una apariencia oscura y conduce un carro que le dio el dios Odin.[153]

Nuit (egipcia): madre de Isis, Osiris, Set y Neftis, es la diosa del cielo nocturno. Se cree que se estira a lo largo del cielo al final

---

151. Parkes, Veronica (2021), «A Cycle of Life and Death-Slavic Goddesses Morana and Vesna», en Ancient-origins.net, <https://www.ancient-origins.net/myths-legends/morana-vesna-006984>.

152. Colección de poemas escritos en nórdico antiguo. *(N. de la T.)*

153. Khan, Molly (2019), «Nott, the Dream Goddess of Night and Darkness» en Patheos.com, <https://www.patheos.com/blogs/heathenatheart/2019/02/nott-the-dream-goddess/>.

del día y es representada normalmente como una mujer desnuda de piel azul con estrellas por el cuerpo.

Papa Guédé (vudú): también conocido como Papa Gede. Normalmente, lleva un elegante *frac* negro, un sombrero de copa y gafas de sol. Papa Guédé rige sobre los espíritus vudú de la muerte y el nacimiento que llevan su nombre. Al igual que muchas deidades que son a su vez psicopompos, Papa Guédé puede ayudarnos a hacer viajes de ida y vuelta al mundo de los sueños.

Papa Legba (vudú): parecido en algunos sentidos a Papa Guédé, Papa Legba es el loa [154] de las encrucijadas y las puertas. Es un intermediario entre nuestro mundo y el de los espíritus, y es conocido por librarse de los obstáculos. Papa Legba destaca en comunicación y transmisión de información.

Perséfone (griega): consorte de Hades, es tanto la diosa de la primavera como la reina del inframundo, por lo que gobierna sobre el nacimiento y la muerte. Es de ayuda a la hora de intentar contactar con el plano espiritual.

Rhiannon (celta): diosa galesa de la soberanía que, según se dice, tenía tres pájaros cuyo canto podía dormir a alguien o devolverlo a la vida. Se dice que está asociada con Annwn, el otro mundo en la mitología celta.

Vishnu (hindú): en el Vedanta-sutra, el mundo material es descrito como un sueño que tuvo Vishnu. Es conocido como «el que todo lo impregna» y es capaz de desafiar el tiempo y el espacio estando en todas partes al mismo tiempo.

---

154. Espíritus del vudú haitiano. *(N. de la T.)*

ANIMALES E INSECTOS

Murciélagos: se asocian con la oscuridad y la noche. Esto, combinado con su habilidad para viajar y su sensibilidad auditiva, los convierte en buenos aliados que nos ayudan a desplazarnos por el mundo de los sueños, prestar atención a los detalles y destapar lo que está oculto en la oscuridad.

Abejas: se han asociado durante mucho tiempo con lo divino y la capacidad para viajar entre reinos. Son duras trabajadoras y, si eres capaz de convencerlas para que te ayuden, serán bastante fieles.

Mariposas: son símbolos de transformación y sus alas les permiten desplazarse con facilidad. Al igual que los humanos, duermen por la noche, las orugas deben descansar en un capullo antes de poder transformarse. Trabaja con una mariposa si estás intentando transformar algún aspecto de tu vida o de ti.

Gatos: los gatos han sido populares entre las brujas durante siglos, probablemente debido a su capacidad para darse cuenta de cosas que los humanos normalmente no perciben. Son increíblemente sensibles a la energía y fueron lo suficientemente importantes en la historia egipcia para ser adorados y tratados con cuidado. He tenido a más de un gato como aliado en mis trabajos mágicos y de visita en mis sueños. Trabaja con un aliado gatuno para la magia onírica general, para obtener claridad y para moverte rápidamente entre distintos reinos en sueños.

Cuervos y grajos: aunque ambos pertenecen al género *Corvus*, son dos pájaros distintos. Sin embargo, ambos se asocian con los mensajes, la profecía y la noche, probablemente por su color negro. Muchos los consideran criaturas mágicas y pueden ser aliados magníficos en la proyección de sueños y a la hora de invocar sueños proféticos.

Ciervos: estos animales dulces están asociados con la sensibilidad y la intuición. Pueden ser muy gráciles y tranquilos cuando desean serlo, lo que puede explicar por qué los ciervos me han parecido aliados útiles tanto en la magia onírica como en los trabajos relacionados con el reino espiritual. Además, el venado es considerado una criatura de la suerte en múltiples tradiciones. Trabaja con ciervos para acceder al inframundo en sueños, así como para potenciar tu intuición.

Perros: fieles y cariñosos, han sido los compañeros favoritos de deidades como Hécate o Asclepio. Los perros pueden ser grandes protectores y compañeros en el trabajo mágico.

Delfines: juguetones e inteligentes, pueden estar abiertos a trabajar con humanos. Su personalidad juguetona puede ayudarte a adoptar un enfoque más relajado si ves que te estás impacientando o frustrando con la magia onírica. Los delfines también tienen una gran intuición.

Águilas: los pájaros en general son buenos aliados oníricos, y las águilas son consideradas normalmente de los más poderosos. Puesto que pueden volar muy alto, con frecuencia se les tiene por mensajeras y un nexo con lo divino. Las águilas pueden ser de gran ayuda en la proyección de sueños y viajes a distintos reinos oníricos. También pueden ayudarte a tener más claro el significado de tus sueños.

Ranas: han estado asociadas con la magia durante mucho tiempo. Además de estar vinculadas a la magia del clima, también lo están a la fertilidad y al progreso, debido a su progresión de renacuajo a rana. Trabaja con una rana si estás practicando magia onírica para predecir el tiempo o incubar sueños para estimular la fertilidad y la creatividad.

Halcones: otro fuerte aliado onírico, puesto que se consideran visionarios que pueden conceder el don de la adivinación. Trabaja con ellos para manifestar sueños proféticos y de resolución de problemas.

Palomas mensajeras: puede parecer extraño incluirlas en esta lista, pero hazme caso. Cuando estaba escribiendo este apéndice, mi marido me llamó en voz baja para que saliera al porche. Allí, posada sobre la barandilla, había una paloma preciosa, blanca y gris, con plumas iridiscentes de un color entre morado y verde en torno a su cuello, y una etiqueta en una de sus patas. Después de cantarle, arrullarle y hablarle con delicadeza, la paloma se me acercó y pareció escucharme atentamente antes de alejarse volando. Estas palomas tienen fama de mensajeras y son muy inteligentes. También son capaces de encontrar el camino de vuelta a casa tras recibir un encargo. Trabajar con la humilde paloma mensajera puede ser muy beneficioso cuando intentas navegar por el mundo de los sueños o mandar mensajes a otros a través de ellos.

Caballos: los caballos han sido los aliados de muchas deidades, incluyendo a la diosa galesa Rhiannon y al dios griego Poseidón. Son venerados por su fuerza, vigor y rapidez. Cuando tus prácticas mágicas incluyan viajar entre reinos, trabaja con ellos como aliados.

Búhos: son aves nocturnas que representan la sabiduría, la fuerza, el conocimiento, la intuición y la profecía. A veces también van y vuelven del reino espiritual. Los búhos ven en tres dimensiones y tienen una excelente visión nocturna, cualidades que hacen que se presten a la proyección astral. Pueden divisar a su presa desde muy arriba, incluso si está en la nieve. Trabaja con búhos cuando estés intentando visualizar una situación desde ángulos distintos en tu sueño, cuando desees tener un sueño profético y cuando quieras viajar de un reino a otro.

Serpientes: símbolos de la transformación y la energía kundalini; están asociadas con deidades como Asclepio y Hermes. Las serpientes se mueven rápido y son capaces de deslizarse dentro y fuera de lugares de difícil acceso. Pueden ser grandes aliadas en los viajes oníricos y también actuar como guardianes en el trabajo mágico.

Arañas: tejen sus telarañas al igual que nuestro subconsciente teje nuestros sueños. Recurre a las arañas para la incubación de sueños.

Lobos: muy protectores con su manada y excelentes rastreadores; ambas cualidades están en sintonía con la magia onírica. Trabaja con lobos cuando necesites hallar múltiples soluciones posibles a un problema, encontrar a alguien en sueños o si deseas protección mientras practicas magia.

CRIATURAS MITOLÓGICAS Y OTROS ALIADOS

Dragones: venerados por los chinos, los dragones son poderosos y protectores con lo que consideran suyo. Tienen el don de la profecía y la habilidad de recorrer grandes distancias por el aire y, en algunos casos, el agua. Los dragones pueden ser de gran ayuda cuando necesitas protección, conocimiento o deseas viajar en sueños.

Medusa: posiblemente te estés preguntando de qué puede servirte Medusa en la magia onírica, pero yo he trabajado con ella muchas veces con buenos resultados. Aunque no te ayuda a acceder a sueños, una vez estés dentro de uno, ella puede ayudarte a llegar a lugares que pueden parecer peligrosos. Si Medusa está dispuesta a trabajar contigo, no duda a la hora de caminar por delante de ti cuando te diriges a sitios que pueden no ser seguros. Si algo hostil intenta herirte, Medusa puede detenerlo con una mirada, no solo ayudándote a evitar el daño, sino también dándote la oportunidad de examinar de forma segura figuras hostiles, puesto que podrían ser mensajeros de tu subconsciente. Medusa también es capaz de actuar como un espejo, reflejando esas partes de tu subconsciente que quizá necesites ver.

Sirenas: pueden actuar como aliadas llevándote a las profundidades de tu subconsciente en sueños. La intuición, la empatía, la habilidad para cambiar de forma y la telepatía son habilidades mágicas que las sirenas poseen y que te pueden ayudar a conseguir.

Menshen: de origen chino, son guardianes de puertas y habitaciones que protegen a quienes duermen en ellas; normalmente se dibujan en las puertas de los templos en China.[155] Trabaja con ellos para acceder en sueños a lugares con los que no estás familiarizado o lugares en los que estás teniendo problemas para entrar.

Oneiroi: bajo las órdenes de Morfeo, estos espíritus oníricos emergen en la noche en forma de murciélagos. Tenían la habilidad de atraer tanto sueños proféticos como pesadillas.

---

155. Mark, Emily (2016), «Most Popular Gods & Goddesses of Ancient China», en Worldhistory.org, <https://www.worldhistory.org/article/894/most-popular-gods--goddesses-of-ancient-china/>.

Trabaja con Oneiroi para invocar sueños proféticos y entender tus pesadillas.

Pegaso: el legendario hijo de Medusa. Pegaso tiene todos los poderes del caballo, además de alas. Pegaso tenía reputación de ser capaz de viajar entre el mundo de los mortales y los inmortales y, por lo tanto, puede ser un buen aliado cuando intentes acceder a otros reinos en tus sueños, como el inframundo.

Fénix: según cuenta la leyenda, el fénix es un precioso pájaro ardiente que se regenera en varios ciclos. Cada vez que muere, renace de sus propias cenizas. El fénix otorga fuerza y es un símbolo de la transformación y el renacimiento. Como aliado, puede ayudarte a ir a donde quieras en sueños y a transformarlos mientras estás en estado lúcido.

APÉNDICE C
CORRESPONDENCIAS ASTROLÓGICAS, DE HIERBAS, CRISTALES Y ACEITES

ASTROLÓGICAS

Correspondencias como las fases lunares y los acontecimientos astrológicos tienen un impacto en los sueños y la magia onírica. He aquí unas correspondencias comunes a tener en cuenta cuando practicamos magia onírica.

Luna creciente: ayuda a ganar impulso para prácticas como la manifestación y proyección de sueños.

Luna llena: en esta fase es cuando la luna tiene mayor influencia sobre nuestras emociones, pero algunos sienten que alteran sus patrones de sueño. Cuando la luna está llena, es más poderosa, lo que hace que sea útil para el trabajo mágico que requiere energizar algo, así como para la manifestación y la proyección de sueños.

Luna menguante: útil para la práctica de sueños sanadores, contacto con los fallecidos y trabajo de sombras mediante sueños.

Eclipses: tanto los eclipses lunares como los solares son momentos propicios para cargar agua, cristales y amuletos para el trabajo mágico. Los eclipses pueden representar comienzos y finales, y son un buen momento para empezar de nuevo o aclarar algo del pasado. El trabajo onírico puede resultar más intenso si se hace durante un eclipse.

Luna azul: es un momento muy poderoso para practicar magia onírica, sobre todo cualquiera que implique magia *glamour*, como mejorar o cambiar tu aspecto en sueños o tejer uno.

Mercurio retrógrado: este no es un buen momento para la mayoría de los ejercicios de magia onírica, sobre todo cuando se trata de sueños que implican algún tipo de comunicación o viaje. Puede alterar el sueño y quizá tengas más sueños relacionados con el estrés.

La Casa Novena: Sagitario y el planeta Júpiter representan la Casa Novena en tu carta natal, y es la casa que guarda más relación con los sueños. El signo del zodíaco en tu Casa Novena determinará cómo se manifiesta en tu vida.[156]

Aprender más sobre las fases astrológicas y cada una de las casas de tu carta puede enriquecer tu trabajo mágico también.

---

156. Regan, Sarah (2022), «Everything You Need to Know About the 9th House and What It Means In Your Birth Chart», en Mindbodygreen.com, <https://www.mindbodygreen.com/articles/ninth-house-in-astrology>.

HIERBAS

He creado el siguiente listado de hierbas y aceites a partir a mis estudios de herbología y mi experiencia. Las hierbas y los aceites se pueden usar de varias maneras: difusores de aceite, muñecas oníricas, infusiones de baño, almohadas de los sueños, aplicación tópica (en el caso de los aceites), incienso y tés o tisanas para consumir. Si planeas ingerir o aplicarte algunas de estas hierbas, empieza con dosis muy pequeñas hasta que sepas con certeza cómo tu cuerpo reacciona a ella. Cualquier aceite esencial debería diluirse en un aceite portador, como uno de almendras o semilla de uva, si pretendes ungirte con él.

Nota: Por favor, investiga las hierbas y aceites antes de usarlos. Algunos no son seguros durante el embarazo o pueden tener efectos secundarios o contraindicaciones con otras condiciones o prescripciones médicas.

Raíz africana de los sueños: puede provocar sueños vívidos o lúcidos. El pueblo xhosa de Sudáfrica también lo usaba para comunicarse con ancestros en sueños.[157]

Flor de loto azul: asociada con el dios egipcio del sol, Ra. Un sedante, se menciona en *El libro egipcio de los muertos* y se ha usado durante mucho tiempo en la magia onírica.

Incienso (resina): útil para el despertar de la conciencia y los sueños lúcidos. Vinculado con la diosa galesa Arianrhod, así como con los ritos de embalsamamiento egipcios.

---

157. Raman, Ryan (2021), «African Dream Root: Compounds, Effects, Downsides, and More», en Healthline.com, <https://www.healthline.com/nutrition/african-dream-root>.

Jazmín: ayuda a descansar bien y tener sueños proféticos.

Lavanda: una hierba muy relajante que puede ayudarte a descansar y aplacar tu mente antes de hacer trabajo mágico.

Citronela: ayuda en el despertar de la conciencia, la purificación y a potenciar las facultades psíquicas.

Melisa: buena para la relajación y para recordar sueños.

Artemisa: uno de los aliados oníricos más populares. Ayuda a recordar sueños, y a inducir sueños proféticos, vívidos y lúcidos.

Mirra (resina): utilizada para purificar y proteger, y como incienso en ritos funerarios.

Menta: aumenta la vivacidad de los sueños.

Rosa: los pétalos de rosa tienen una energía relajante y pueden usarse a modo de apoyo emocional en el trabajo mágico. Las rosas también son la planta con la frecuencia más elevada, lo que las convierte en unas aliadas maravillosas para los paseos oníricos y la proyección.

Romero: bueno para recordar sueños.

Sándalo: ayuda con la relajación.

Hierbabuena: ayuda con los sueños proféticos y la comunicación. Potencia los poderes mentales y ayuda a viajar.

Raíz de valeriana: ayuda a relajarse y a dormir.

Verbena: buena para los sueños proféticos.

Milenrama: buena para inducir sueños, sobre todo proféticos.

ACEITES

Semilla de anís: conocida por prevenir las pesadillas.

Flor de loto azul

Salvia sclarea: facilita la relajación profunda y brinda una gran claridad a través de los sueños.

Incienso

Geranio: estimula la actividad psíquica y es un buen aliado para el trabajo mágico, sobre todo para la proyección astral. También potencia la creatividad.

Helicriso: útil para tratar el insomnio.

Jazmín

Lavanda

Citronela

Pachulí: buena para la ansiedad que impide dormir. Conocido por atraer a otros hacia ti y, por lo tanto, podría usarse en los paseos oníricos.

Menta

Rosa

Romero

Sándalo

CRISTALES, GEMAS Y PIEDRAS

Se pueden usar cristales en muñecas oníricas o almohadas, como un talismán o en amuletos; en rejillas de cristal, colocadas sobre los chakras o bajo tu almohada; y en esencias de cristal, aunque, por favor, ten en cuenta que algunos cristales, como la malaquita, se vuelven tóxicos cuando entran en contacto con agua u otros líquidos, y no deberían ingerirse. Otros cristales, por debajo del nivel 6 en la escala de dureza Mohs, tienden a disolverse o sufrir daños cuando se meten en agua. Estos incluyen, entre otros, selenita, ópalo y calcita. Investiga antes de sumergir cristales en agua para ingerir o purificar. Además, asegúrate de manejar tus cristales con cuidado; algunos son frágiles.

Azurita: útil para hallar sabiduría en sueños.

Amatista: buena para la intuición, para recordar sueños, manifestarlos y tener sueños lúcidos.

Cuarzo aura del ángel: ayuda a acceder a otros reinos, como el onírico. Estimula los sueños lúcidos y vívidos.

Cianita azul: es conocida por tener una vibración alta. Buena para la purificación, comunicación y búsqueda de la verdad.

Celestina: cristal relajante que puede ayudar a decodificar los símbolos oníricos y mensajes que parecen proceder de un ancestro o poder superior.

Cuarzo transparente: es un buen cristal que sirve para todo, puesto que puede ser programado para trabajo mágico específico, como los sueños lúcidos. También ayuda a resolver problemas y tener claridad.

Citrino: uno de los pocos cristales capaces de transformar la energía negativa sin necesidad de ser purificado regularmente. Este cristal puede ayudarte a lidiar con pesadillas, así como a incrementar tu número de sueños y la capacidad para recordarlos.

Diamante Herkimer: una piedra poderosa del tercer chakra que también actúa como aliada a la hora de recordar sueños.

Labradorita: útil para los sueños del inframundo debido a su reputada conexión con el mundo de los espíritus.

Lapislázuli: ayuda a inducir la clarividencia en sueños.

Lepidolita: ayuda con el insomnio, la ansiedad, la protección y a reducir el número de malos sueños.

Malaquita: es una piedra de usos múltiples. Ofrece protección y transformación, absorbe energía negativa y tiene la habilidad de estimular sueños. Sin embargo, la malaquita también tiende a revelar verdades que no queremos ver. Puede ofrecer claridad y ayudarte a superar miedos a la par que intensifica la fuerza de voluntad. Puede ser tóxica, así que no bebas agua con malaquita dentro, y mantente alejado de la malaquita en polvo; inhalarla por accidente puede ser perjudicial para tu salud.

Merlinita: drena toxinas y energía negativa. Puede ser una fuente de sanación poderosa y energía relajante para aquellos que sufren pesadillas o traumas.

Moldavita: aunque es una aliada muy poderosa, puede resultar demasiado para algunas personas. Técnicamente no es un cristal, sino que se forma cuando un meteorito alcanza la Tierra. Sin embargo, podemos usarla de la misma manera que empleamos otras gemas. Es estimulante y es de ayuda en la práctica de los sueños lúcidos, la proyección y los paseos oníricos, así como en la conexión con espíritus. Ten en cuenta que puede provocar cambios muy rápido y atraer verdades que no queremos ver.

Piedra lunar: potencia la intuición y ayuda a relajar las mentes nerviosas.

Obsidiana: se utiliza para proteger y contactar con espíritus. Puede resultar demasiado pesada para algunas personas, a quienes ancla demasiado a la tierra, por lo que quizá quieras equilibrarla con un cristal de energía más alta, como el cuarzo o la cianita azul.

Cuarzo rosa: la energía del cuarzo rosa es de amor y compasión. Es una piedra relajante que puede deshacer bloqueos emocionales. También ayuda a aliviar la pena, lo que puede ser de utilidad cuando te visita un ser querido fallecido.

Howlita blanca: puede ser una piedra muy relajante, que además ayuda con la memoria, lo que la convierte en un buen cristal para recordar sueños. También puede mejorar la comunicación y promover la paciencia.

AGRADECIMIENTOS

Dicen que hace falta un pueblo para criar a un niño; creo que lo mismo puede decirse de un libro. Hay tantas personas que de alguna manera han puesto su granito de arena en este libro, que probablemente no pueda nombrarlas a todas, pero haré lo que pueda por hacer un resumen.

Como siempre, estoy agradecida a mi familia por apoyar mis sueños y hacer lo posible por traer este libro a la vida. Mi marido, Richard, ha pasado incontables horas haciendo tareas de casa y alimentándome para que tuviese tiempo y sustento para escribir este libro. Ha apoyado mis ambiciones literarias desde el primer momento y su fe en mí me ha animado a dar un paso adelante y perseguir mis sueños. No puedo agradecerle lo suficiente el amor y el apoyo que me ha dado a lo largo de los últimos veinte años. Richard, eres mi mejor amigo, y me siento afortunada de poder caminar por la vida a tu lado.

Mi hijo, Owen, hace tiempo que es mi mayor animador y doy las gracias por las muchas veces que me ha recordado que los únicos límites a los que me enfrento son aquellos que yo misma me impongo. Owen, ¡estoy muy orgullosa de ti y te quiero muchísimo! También tengo la suerte de tener dos hijastros, Steven y Emily, así como una nuera (Sapida) y un yerno (Barrett), y dos preciosos nietos, Ben y Zoe, que me inspiran y me sorprenden a diario.

Vengo de una larga línea de mujeres fuertes, y mi madre, Sandi, mi hermana Lisa y mi sobrina O'Rian no son una excepción. Gracias por animarme y recordarme mi propia fuerza. Lo mismo va para mis primas, Leslie y Tracy, y mi tía Linda. Mis cuñadas Joanne, Marilyn y Sharon me han apoyado desde el momento en que las conocí, y me siento afortunada de ser parte de su familia. Mis amigas Jackie y Stephanie me recuerdan continuamente que soy imparable, y doy gracias por su amor y su apoyo. Gracias también a mi amigo Benjamin, que me animó a soñar a lo grande cuando era joven.

Estoy, como siempre, inmensamente agradecida a la Hermandad de Avalon. La SOA (por sus siglas en inglés) me ha hecho sentir como en casa desde el momento en el que me uní y ha enriquecido mi vida de muchas maneras, ayudándome constantemente a crecer y evolucionar. Mis hermanas de la SOA son algunas de las mujeres más alucinantes e inspiradoras que he conocido jamás. Me han enseñado el verdadero significado de la hermandad y les estaré siempre agradecidas. Quiero dar las gracias en particular a la fundadora de la SOA, Jhenah Telyndru, por crear una comunidad tan bonita y por su conocimiento y consejos en mis primeros pasos para convertirme en autora.

A mi amigo B-One, gracias por estar en mi vida. Creíste en mí antes de que yo misma lo hiciera y continúas retándome, inspirándome y animándome a dejarme ir y ser libre. Eres también la mejor profesora de música que he tenido jamás y tu aceptación incondicional significa más para mí de lo que puedes imaginar. Gracias por enseñarme la importancia de encontrar el cubo adecuado, porque no sirve uno cualquiera. Estoy entusiasmada por verte perseguir tus sueños, ¡y por que Chick-N-Bone componga música preciosa!

Gracias a Elysia Gallo y Llewellyn por apostar por mí y darme la oportunidad de darle vida a este libro y compartir mis ideas con el mundo. Os estoy muy agradecida y espero que este sea el comienzo de una larga colaboración.

Para acabar, este libro está dedicado a todos mis seres queridos que han fallecido y continúan visitándome en sueños, incluyendo familiares, amigos (de dos y cuatro piernas) y ancestros. Mis dos abuelos y abuelas han compartido sus sueños conmigo en vida y me han visitado tras su muerte. Quiero honrar especialmente a mi padre, Bill, y a mi sobrina, Anam: he aprendido mucho de ambos. Sois dos de las almas más puras y cariñosas que he conocido jamás, y continuáis dándome lecciones incluso en la muerte. Os quiero muchísimo a ambos y espero con ansias vuestras visitas en mis sueños.

Para cualquiera cuyo nombre haya olvidado mencionar, mi más sincera disculpa. Por favor, ten presente que si te has cruzado en mi camino de manera significativa en esta vida, he aprendido de ti y has contribuido de alguna manera a este libro y a la persona que soy hoy en día.

BIBLIOGRAFÍA

Abrams, Zara, «Growing Concerns About Sleep», *American Psychological Association*, 40, n.º 4 (2001), <https://www.apa.org/monitor/2021/06/news-concerns-sleep>.

Acher, Frater, «A Course in Dream Magic Part I», en Theomagica.com, <https://theomagica.com/dream-magic-part-1>.

Allrich, Karri A. (2001), *A Witch's Book of Dreams: Understanding the Power of Dreams and Symbols*, Llewellyn Publishing, St. Paul.

American Botanical Council (2020), «Blue Lotus—Lily of the Sun», en Herbalgram.org, <https://www.herbalgram.org/resources/herbclip/herbclip-news/2020/bluelotus/>.

Anuradha (2013), «Vishnu Sustains the Universe», en Allabouthinduism.info, <https://www.allabouthinduism.info/2013/03/08/vishnu-the-protector/>.

Asals, Katharine, «Chapter 2: Dream Theory in Native North America», en Katharineasals.com, <https://katharineasals.com/articles/the-trope-of-the-dream-and-other-irrational-moments/chapter-2-dream-theory-in-native-north-america/>.

Baird, Christopher S. (2020), «Do Blind People Dream in Visual Images?», en Wtamu.edu, <https://www.wtamu.edu/~cbaird/sq/2020/02/11/do-blind-people-dream-in-visual-images/>.

Barnes, Celeste (2022), «Apollo», en *Naming the God*, Moon Books, Winchester.

Beaulieu-Prevost, Dominic; Belleville, Genevieve; Gray, Stephane; Levrier, Katia y Marchand, Andre, «Nightmare Frequency, Nightmare Distress, and the Efficiency of Trauma Focused Cognitive Behavioral Therapy for Post-Traumatic Stress Disorder», *Archives of Trauma Research*, 5, n.º 3 (12 de mayo de 2016), <https://doi.org/10.5812/atr.33051>.

Belanger, Michelle (2006), *Psychic Dreamwalking: Explorations at the Edge of Self*, Red Wheel/Weiser, San Francisco.

Boyer, Corinne (2022), *Dream Divination Plants in the Northern European Tradition*, Three Hands Press, Hercules.

Brown, Nimue (2015), *Pagan Dreaming: The Magic of Altered Consciousness*, Moon Books, Winchester.

Burkert, Walter (1987), *Greek Religion: Archaic and Classical*, Harvard University Press, Cambridge. [Hay trad. cast.: *Religión griega: arcaica y clásica*, Madrid, Abada, 2007].

Callaway, Ewen (2013), «Fearful Memories Passed Down to Mouse Descendants», en Scientificamerican.com, <https://www.scientificamerican.com/article/fearful-memories-passed-down/>. Publicado originalmente en *Nature*.

Carey Jr, Harold (2015), «Owl and Woodpecker—A Navajo Tale», en Navajopeople.org, <https://navajopeople.org/blog/owl-and-woodpecker-a-navajo-tale/>.

Carr, M., Borsock, R., Taylor, M., *et al.*, «0159 Reduced REM Sleep Percent in Frequent Cannabis vs. Non Cannabis Users», *Sleep*, 43, suplemento especial 1 (27 de mayo de 2020), p. A62-A63. <https://academic.oup.com/sleep/article/43/Supplement_1/A62/5846891>.

Casale, Alessandro, «Indigenous Dreams: Prophetic Nature, Spirituality, and Survivance», en Indigenousnh.com, <https://indigenousnh. com/2019/01/25/indigenous-dreams/>.

Chatland, Jan (1990), «Descriptions of Various Loa of Voodoo», en Faculty.webster.edu, <http://faculty.webster.edu/corbetre/haiti/ voodoo/biglist.htm>.

Centers for Disease Control and Prevention, (2020), «Circadian Rhythms and Circadian Clock», <https://archive.cdc.gov/#/ details?url=https://www.cdc.gov/niosh/emres/longhourstraining/ clock.html>.

Den Hollander, Juliette, «History of Dream Research», en Sutori.com, <https://www.sutori.com/en/story/the-history-of-dream-research-aHZ2EkuAQtRJgjhMMjxJ7bvX>.

Dimitriu, Alex y Suni, Eric (2023), «Sleep Paralysis: Symptoms, Causes, and Treatment», en Sleepfoundation.org, <https://www. sleepfoundation.org/parasomnias/sleep-paralysis>.

Dispenza, Joe (2007), *Evolve your Brain: The Science of Changing Your Mind*, Health Communications, Deerfield Beach. [Hay trad. cast.: *Desarrolla tu cerebro: La ciencia de cambiar tu mente*, Madrid, La Esfera de los Libros, 2016].

Evans, Zteve (2018), «British Legends: Elen of the Hosts-Saint, Warrior, Queen, Goddess of Sovereignty», en Folklorethursday.com, <https://folklorethursday.com/legends/british-legends-elen-of-the-hosts-saint-warrior-queen-goddess-of-sovereignty/>.

Fritscher, Lisa (2023), «Carl Jung's Collective Unconscious Theory: What It Suggests About the Mind», en Verywellmind.com, <https://www.verywellmind.com/what-is-the-collective-unconscious-2671571>.

Fuchs, Carla; Mallett, Remington y Schredl, Michael, «Differences Between Lucid and on-Lucid Dream Reports: A Within Subjects Design», *Dreaming Journal of the International Association for the Study of Dreams*, 32, n.º 4, (2022), p. 345-352.

Garfield, Patricia (1995), *Creative Dreaming: Plan and Control Your Dreams to Develop Creativity*, Overcome Fears, Solve Problems, and Create a Better Self, Simon and Schuster, Nueva York.

Glenn, Gigi (2020), «Guede: Voodoo Spirits in New Orleans Traditions», en Vianolavie.org, <https://www.vianolavie.org/2020/11/02/ghede-voodoo-spirits-in-new-orleans-traditions/>.

Gregoir, Carolyn (2013), «8 Famous Ideas that Came From Dreams (Literally)», en Huffpost.com, <https://www.huffpost.com/entry/famous-ideas-from-dreams_n_4276838>.

Hardy, James (2022), «The 10 Most Important Sumerian Gods: Nammu, Enki, Enlil and More!», en Historycooperative.org, <https://historycooperative.org/sumerian-gods/>.

Hennessy, Williams, «The Ancient Irish Goddess of War», en Sacredtexts.com, <https://sacred-texts.com/neu/celt/aigw/aigw01.htm>. Publicado originalmente en 1870.

Henriques, Martha (2019), «Can the Legacy and Trauma be Passed Down the Generations?», en Bbc.com, <https://www.bbc.com/future/article/20190326-what-is-epigenetics>.

Hill, J. (2010), «Bes», en Ancientegyptonline.co.uk, <https://ancientegyptonline.co.uk/bes/>.

(2022), «History of Dream Interpretation», en Oniri.io, <https://www.oniri.io/post/a-bit-of-history-of-dream-interpretation>.

(2023), «History of Lucid Dreaming—Part 2», en The-lucid-dreamer. com, <http://the-lucid-dreamer.com/History-of-Lucid-Dreaming-2. html>.

(2023), «History of Lucid Dreaming—Part 3», en The-lucid-dreamer. com, <https://the-lucid-dreamer.com/History-of-Lucid-Dreaming-3.html>

(2023), «Imbas Forrosnai», en Oxfordreference.com, <https://www. oxfordreference.com/display/10.1093/acref/9780198609674.001.0001/ acref-9780198609674-e-2760>.

Kai-Ching Yu, Calvin, «Imperial Dreams and Oneiromancy in Ancient China—We Share Similar Dream Motifs with Our Ancestors Living Two Millenia Ago», *Dreaming Journal of the International Association for the Study of Dreams*, 32, n.º 4 (marzo de 2022), p. 364-74.

Khan, Molly (2019), «Nott, the Dream Goddess of Night and Darkness» en Patheos.com, <https://www.patheos.com/blogs/ heathenatheart/2019/02/nott-the-dream-goddess/>.

Knight, Sirona (2000), *Dream Magic: Night Spells and Rituals for Love, Prosperity, and Personal Power*, Harper Collins, Nueva York. [Hay trad. cast.: *Magia y sueños*, Madrid, Edaf, 2001].

Kracke, Waud H., «Cultural Aspects of Dreaming», en Dreamresearch.ca, <https://www.dreamresearch.ca/pdf/cultural.pdf>.

LaBerge, Stephen (2009), *Lucid Dreaming: A Concise Guide to Awakening in Your Dreams and in Your Life*, Sounds True Publishing, Boulder.

Leaver, Samantha (2022), «Hermes», en *Naming the God*, Moon Books, Winchester, p. 149-152.

Lloyd, Vanda (2022), «Gwyn Ap Nudd», en *Naming the God*, Moon Books, Winchester, p. 139-142.

(2022), «Magick», en Thelemapedia.org, <http://www.thelemapedia.org/index.php/Magick>.

Mark, Emily (2016), «Most Popular Gods & Goddesses of Ancient China», en Worldhistory.org, <https://www.worldhistory.org/article/894/most-popular-gods--goddesses-of-ancient-china/>.

Marks, Hedy (2021), «Dreams», en Webmd.com, <https://www.webmd.com/sleep-disorders/dreaming-overview>.

Matthews, Caitlin (2012), *Celtic Vision: Seership, Omens, and Dreams of the Otherworld*, Watkins Publishing, Londres.

Matthews, Caitlin y Matthews, John (1994), *The Encyclopedia of Celtic Wisdom*, Element Books, Rockport.

McKelvie, Callum y Radford, Benjamin (2022), «Astral Projection: Facts and Theories», en Livescience.com, <https://www.livescience.com/27978-astral-projection.html>.

Messier, Claude y Smith, Andra M., «Voluntary Out-of-Body Experience: An fMRI Study», *Frontiers in Human Neuroscience*, 8, n.º 70, (2014), <https://www.frontiersin.org/articles/10.3389/fnhum.2014.00070/full>.

Moutinho, Sofia (2021), «Are Advertisers Coming for Your Dreams», en Science.org, <https://www.science.org/content/article/are-advertisers-coming-your-dreams>.

O'Brien, Lora (2018), «Irish Pagan Magic—The "Tarbh Feis"», en Loraobrien.ie, <https://loraobrien.ie/irish-pagan-magic-tarbh-feis/>.

Paine, Angela (2022), «Asclepius, God of Healing», en *Naming the God*, Moon Books, Winchester, p. 102-105.

Parkes, Veronica (2021), «A Cycle of Life and Death-Slavic Goddesses Morana and Vesna», en Ancient-origins.net, <https://www.ancient-origins.net/myths-legends/morana-vesna-006984>.

Payne, Kenn (2022), «Hypnos», en *Naming the God*, Moon Books, Winchester, p. 154-156.

Peisel, Thomas; Tuccillo, Dylan y Zeizel, Jared (2013), *A Field Guide to Lucid Dreaming*, Workman Publishing, Nueva York. [Hay trad. cast.: *Sueños lúcidos: Una guía para dominar el arte de navegar por los sueños*, Urano, 2014].

(2022), «Pineal Gland», en Clevelandclinic.org, <https://my.clevelandclinic.org/health/body/23334-pineal-gland>.

Prerna y personal de Facty (2023), «Identifying Sleep Apnea: 15 Key Symptoms and Risk Factors», en Facty.com, <https://facty.com/ailments/sleep/10-symptoms-of-sleep-apnea/15/>.

Raduga, Michael, «Predicting the Efficiency of Lucid Dreaming Practice», *Dreaming: Journal of the International Association for the Study of Dreams*, 32, n.º 4 (diciembre de 2022), p. 382-392.

Raman, Ryan (2021), «African Dream Root: Compounds, Effects, Downsides, and More», en Healthline.com, <https://www.healthline.com/nutrition/african-dream-root>.

Rankine, David (2022), «Anubis: The Jackal God», en *Naming the God*, Moon Books, Winchester, p. 95-97.

Ravenna, Morpheus (2015), *The Book of the Great Queen: The Many Faces of the Morrigan from Ancient Legends to Modern Devotions*, Concrescent Press, Richmond.

Regan, Sarah (2022), «Everything You Need to Know About the 9th House and What It Means In Your Birth Chart», en Mindbodygreen.com, <https://www.mindbodygreen.com/articles/ninth-house-in-astrology>.

Regula, DeTraci (1999), *The Mysteries of Isis: Her Worship and Magick*, Llewellyn Publishing, St. Paul.

Rilke, Rainer M. (2014), *Letters to a Young Poet*, Hythloday Press, Leipzig. [Hay trad. cast.: *Cartas a un joven poeta*, Madrid, Alianza Editorial, 2012].

Rock, Andrea (2005), *The Mind at Night: The New Science of How and Why We Dream*, Basic Books, Nueva York.

Rodriguez, Emily (2016), «Oneiromancy», en Britannica.com, <https://www.britannica.com/topic/oneiromancy>.

Roesler, Christian, «Jungian Theory of Dreaming and Contemporary Dream Research—Findings from the Research Proyect "Structural Dream Analysis"», *Analytical Psychology*, 65, n.º 1 (febrero de 2020), p. 44-62, <https://doi.org/10.1111/1468-5922.12566>.

Roland, Elisa (2021), «13 World Changing Ideas That Came From Dreams (Literally)», en Rd.com, <https://www.rd.com/list/ideas-that-came-from-dreams/>.

Roric, Valda (2016), «Ancient Gods—When Darkness Ruled the World», en Ancient-origins.net, <https://www.ancient-origins.net/myths-legends/ancient-gods-when-darkness-ruled-world-006067>.

Saber, Indlieb F. (2021), «While you Were Sleeping: The Importance of Dreams in Middle Eastern Culture», en Middleeasteye.net, <https://www.middleeasteye.net/discover/dreams-middle-east-civilisation-how-helped-define>.

«Salvador Dali: The Persistence of Memory. 1931», en Moma.org, <https://www.moma.org/audio/playlist/296/67>.

Shaw, Judith (2015), «Caer Ibormeith: Celtic Goddess of Dreams and Prophecy», en Feminismandreligion.com,

<https://feminismandreligion.com/2015/01/28/caer-ibormeith-celtic-goddess-of-dreams-and-prophecy-by-judith-shaw/>.

— (2016), «Elen of the Ways», en Feminismandreligion.com, <https://feminismandreligion.com/2015/01/28/caer-ibormeith-celtic-goddess-of-dreams-and-prophecy-by-judith-shaw/>.

Shetley, Susanna (2022), «Increase Your Vibration With Essential Oils», en Smokymountainnews.com, <https://smokymountainnews.com/lifestyle/rumble/item/33553-increase-your-vibration-with-essential-oils>.

(2024), «Sleep Terrors (Night Terrors)», en Mayoclinic.org, <https://www.mayoclinic.org/diseases-conditions/sleep-terrors/symptoms-causes/syc-20353524>.

Stefon, Matt (2023), «Chang'e», en Britannica.com, <https://www.britannica.com/topic/Change-Chinese-deity>.

Szapowska, Kasia, «Dreams of Early Ancient Egypt», *American Society of Overseas Research*, 10, n.º 2, (febrero de 2022), <https://www.sleepfoundation.org/parasomnias/sleep-paralysis>.

Taitel, Debra (2022), «How to Effortlessly Dream Walk», en Debrataitel.medium.com, <https://debrataitel.medium.com/how-to-effortlessly-dream-walk-cfbafe1cae34>.

(2021), «The CIA's Gateway Report on Astral Projection and Templeton's Consciousness Competition», en Mindscience.org, <https://mindscience.org/neuro-news/the-cias-gateway-report-on-astral-projection-templetons-consciousness-competition/>.

Tick, Edward (2001), *The Practice of Dream Healing: Bringing Ancient Greek Mysteries into Modern Medicine*, Quest Books, Wheaton.

(2009), «Twilight Author: It Started With a Dream», en Edition.cnn. com, <https://edition.cnn.com/2009/LIVING/worklife/11/18/o. twilight.newmoon.meyer/>.

Van de Castle, Robert L. (1994), *Our Dreaming Mind*, Ballantine Books, Nueva York.

Van der Kolk, Bessel (2014), *The Body Keeps the Score: Brain, Mind, and Body in the Healing of Trauma*, Penguin Books, Nueva York. [Hay trad. cast.: *El cuerpo lleva la cuenta: Cerebro, mente y cuerpo en la superación del trauma*, Sitges, Editorial Eleftheria Sl, 2023].

Walsh, Carl (2016), «9 Inventions Inspired by Dreams», en Bedguru. co.uk, <https://www.bedguru.co.uk/9-inventions-inspired-by-dreams>.

Waggoner, Robert (2021), «Exploring the Scientific Discovery of Lucid Dreaming», en Noetic.org, <https://noetic.org/blog/exploring-scientific-discovery-lucid-dreaming/>.

Williams, Bethany (2022), «Morpheus: The Greek God of Dreams and Nightmares», en Thecollector.com, <https://www.thecollector.com/morpheus-greek-god/>.

Wu, Mingren (2020), «Oneiromancy: Dream Predictions in Ancient Mesopotamia», en Ancient-origins.net, <https://www.ancient-origins.net/history-ancient-traditions/oneiromancy-and-dream-predictions-ancient-mesopotamia-005726>.

PARA CONTACTAR
CON LA AUTORA

Si deseas contactar con la autora o te gustaría tener más información sobre este libro, por favor, escribe a la autora por medio de Llewelyn Worldwide Ltd. y nosotros le haremos llegar tu petición. Tanto la autora como la editorial agradecen que te pongas en contacto y saber que has disfrutado de este libro y que te ha ayudado. Llewelyn Worldwide Ltd. no puede garantizar que todas y cada una de las cartas dirigidas a la autora reciban respuesta, pero todas serán enviadas. Por favor, escribe a:

Robin Corak
c/o Llewellyn Worldwide
2143 Wooddale Drive
Woodbury, MN 55125-2989
Por favor, adjunta un sello con tu dirección para recibir respuesta, o 1 dólar para cubrir los costes. Si es de fuera de EE. UU., incluye un cupón de respuesta internacional.

Muchos de los autores de Llewelyn Worldwide Ltd. tienen páginas web con información adicional y recursos. Para más información, por favor visítanos en nuestra página web http://www.llewellyn.com.